J.A.ホブスンの新自由主義

レント論を中心に

大水善寛

九州大学出版会

はしがき

　ホブスンは1858年の誕生から1940年に逝去するまでの間に，ジャーナリスティックな観点から経済理論，政治思想，失業，貧困，教育，議会改革等に関する多数の著作を残している．彼の著作は時論的であったため，ホブスンを体系的に理解しようという試みはあまり見受けられなかった．したがって，ホブスンの評価は，レーニンによる帝国主義論の先駆者，ケインズによる有効需要論の先駆者としての評価をはじめとして，近年，クラークやフリーデンらが提起した新自由主義の代表者としての再評価のように，時代とともに変容しているが，その評価は断片的であったと言える．しかし，最近，新自由主義者ホブスンを評価する際，過少消費説との関連から考察していることが多く見受けられるようになった．だが，この研究では，新自由主義と過少消費説の内容と歴史的意義に留まるため，それを統合する枠組みとして何らかの理論，すなわち体系のコアとなる理論が必要とされる．つまり，ホブスン研究に新たな視座を提出するために，これまであまり研究の対象となっていない「レント論」という新たな理論を用いて，ホブスン体系を再構成しようというのが本書の研究である．

　つまり，ホブスンは19世紀後半から第1次大戦にかけて，イギリスの政治・経済を如実に観察・分析し，痛烈な批評を残しているが，彼の理論は断片的に取り上げられ，時論的に解説されてきたと言えよう．しかし，1990年以降，ホブスンの理論・政策・思想を体系的に捉えようとする動きも見られるようになった．本書もこうした動きの一環である．本書は，これまでの研究では余剰が過少消費説という観点から主に述べられてきたのに対し，余剰がレント論によって説かれていることを認識し，それを基底にホブスンの理論・政策・思想が構成されていることを理論的・概念的に再構成・再解釈しようとするものである．

　再構成するため，まずレント論を抽象的概念としてのレント，具体的認識

可能な概念利益，政策的概念としての利益から再構築し，次いで，レント論では価格論として提示されているのに対し，過少消費説では実物面から説かれている余剰概念について，レント論がより一般的な分析装置と捉えることができることを明らかにする．こうしたステップを踏むならば，ホブスンの主張する政治改革・経済政策の根幹にレント論があると言っても異議は起こるまい．とすれば，新自由主義の基底にもレント論があるということになろう．

19世紀後半から20世紀前半のイギリスの政治・経済的変化に対応するために考案されたホブスンの「新自由主義（New Liberalism）」の考え方は，昨今興隆を極めた「ネオ・リベラリズム（Neo Liberalism）」の自由放任主義的，夜警国家的，市場至上主義的経済運営の行き詰まりを予測でき，またポスト・ネオ・リベラリズムを思考するにあたって，新たな視座を提供できよう．

本書は著者の博士論文に加筆したものである．ホブスンは，著者が大学院在籍の折，故岸本誠二郎先生のご指導のもとでたどり着いたテーマである．このテーマに関する論文は私なりの解釈で発表してきたが，このような体系的な形で出版できたのは，博士論文をご指導いただいた高哲男先生のおかげである．短い期間であったが，高先生からは数多くの叱咤激励をいただき，何とか博士論文を完成させることができた．しかし，両先生の学恩に報いるものとしては，本書はあまりにも内容が乏しいため，これを研究の第一歩と考え，今後も研究に邁進するつもりである．加えて，本書を何とか完成できたのは，関源太郎先生，大崎正治先生をはじめ，多くの先生からのコメントや激励のおかげである．

幸いなことに，本書の出版にあたっては，財団法人青森学術文化振興財団の出版助成と青森中央学院大学の共通研究費を受けることができた．出版事情が厳しい折，こうした助成金がなかったら，本書の出版は実現しなかった．厚くお礼を申し上げる次第である．また本書の出版を快く引き受けてくださった九州大学出版会，編集作業を手際よく進めてくださった尾石理恵さんに感謝申し上げたい．

平成22年1月

大水善寛

目　　次

はしがき ………………………………………………………… i

序　本書の課題と構成 ………………………………………… 1

第1章　ホブスンとその時代 ………………………………… 5
 1. 19世紀末から第1次大戦期におけるイギリス ── 歴史的背景 ── … 5
 2. ホブスンの思想形成過程 ……………………………… 12
 3. ホブスン研究史とその問題点 ………………………… 19

第2章　レント論 ……………………………………………… 25
 1. レント論の系譜と広がり ……………………………… 26
 2. レント論の構造 ………………………………………… 34
  2.1　レ ン ト
  2.2　利　　益
  2.3　余　　剰
 3. レント論の視座からの過少消費説，社会改革，新自由主義 ……… 48

第3章　過少消費説 …………………………………………… 55
 1. 過少消費説の流行 ── ケインズの評価を手がかりに ── ……… 56
 2. 過少消費説の定式化 …………………………………… 62
 3. 過少消費説と失業 ……………………………………… 69
 4. 過少消費説と帝国主義 ………………………………… 75

第4章　社会改革の思想 ……………………………………… 85
　1. 経済政策 ………………………………………………… 88
　　1.1　失業対策
　　1.2　貧困対策
　2. 政治改革 ………………………………………………… 106
　　2.1　私有財産制度の修正と社会立法
　　2.2　教育改革
　　2.3　議会改革
　3. 国家の役割 ── 新しい自由主義の展望 ── ……………… 124

第5章　新自由主義思想における
　　　　ホブスンの歴史的位置と意義 ……………………… 131
　1. ホブスンの新自由主義 ………………………………… 133
　2. ケインズの新自由主義 ………………………………… 138
　3. 新自由主義の再評価 …………………………………… 143
　　　── クラークとフリーデンの所説を中心に ──

結　　語 ……………………………………………………… 151

　参考文献 …………………………………………………… 153
　索　　引 …………………………………………………… 163

序　本書の課題と構成

　本書『J. A. ホブスンの新自由主義――レント論を中心に――』は，19世紀後半から20世紀初頭にかけてジョン・アトキンソン・ホブスン（John Atkinson Hobson 以下ホブスンと略記する）のレント論，過少消費説という経済理論，政治改革・経済政策を含めた意味での社会改革の思想，「新自由主義（New Liberalism）」思想を，レント論との関係から再構成・再解釈し，その学説の持つ意義を解明することを目的としている．

　19世紀後半のイギリスでは，A. スミス（A. Smith）以降の伝統的な古典派経済学とP. H. ウィックスティード（P. H. Wicksteed）やF. Y. エッジワース（F. Y. Edgeworth）らの限界革命で定式化された限界生産力説を統合した新古典派経済学（A. マーシャル（A. Marshall）が新古典派経済学の創始者である）が広く普及していた．だが，大不況以降，理論的に解明できない社会問題としての貧困や失業が顕在化し始めていたため，その解消を目指す各種の経済政策・政治改革，つまり社会改革の必要性が叫ばれていた．社会改革は少しずつではあるが実現し始めるようになっていた．加えて，国内での生産過剰・過剰貯蓄が引き起こした余剰の捌け口を海外へ求めるという，先進工業諸国による帝国主義的政策から発生する国家間の摩擦が激化しつつあった．政治思想史から見るならば，政府あるいは国家と個人の関係について自由放任的自由主義とは異なり，山積する社会的・国際的諸問題の解消を目指す新たな国家像を打ち出した新自由主義思想が流布し始めていたのである．つまり，19世紀後半から20世紀初頭にかけてイギリスで発生したさまざまな変化に対応した政策・改革は，自由主義の擁護という観点から，自由放任的自由主義の変化をともなわざるを得ないという状況であった．ただし，

この変化は普遍的な変化というより，その時代特有のものであったという点に注意しなければならない．

ホブスンはこれらすべての課題に対し，独自の観点から根源的な政策提言を行った．たとえば，1890年以降はレント論による限界生産力説の批判から，1889年以降は過少消費説を基礎に据えて，失業の分析とその対策および帝国主義の分析とその批判を行いつつ根源的に提言している．本書の目的に沿って言い換えれば，ホブスンは独自のレント論に基づいて，貧困問題，教育問題等の国民の生活水準を向上させるための具体的処方箋，それを実施する立法化の過程，すなわち議会改革の推進を提言し，さらにこれを実現するための国家像を新自由主義思想として展開した訳である．ホブスンの経済理論を考察するにあたっては，過少消費説からの帝国主義批判を重視したV. レーニン (V. Lenin)，セー法則の批判として著した過少消費説を重視したJ. M. ケインズ (J. M. Keynes) らへの貢献がよく知られているが，彼の目的は広義の社会改革を支える経済理論の構築を目指していたと言えよう．

とすれば，ホブスンの生きた時代背景を斟酌しつつ，ホブスンの基本的な立場から，ホブスンの各理論・改革（各種政策を含む）・思想を再構成・再解釈する必要があると言えないだろうか．新自由主義の社会運動が結実させた現代の福祉国家体制を，古典的自由主義の理念を振りかざして批判・否定し，規制緩和と小さな政府を実現してきた「ネオ・リベラリズム (Neo Liberalism)」の成果に対し，大きな疑問を投げかけている現代，「新自由主義 (New Liberalism)」が秘めていた歴史的意義を問い直す必要は大きいと思われるからである．

そこで，本書は，これまでのホブスン研究の現状を顧みつつ，19世紀後半から20世紀初頭にかけてホブスンが発表したさまざまな理論や思想が相互に関連しているという認識の下に，彼の経済理論，特にこれまであまり注目されなかった「レント論」を中心にして理論・改革（各種政策を含む）・思想の再構成・再解釈を試みる．本書の構成は以下の通りである．

第1章「ホブスンとその時代」は，ホブスンの理論・思想がどのような時代背景の下で形成されたかを19世紀から20世紀のイギリス社会の変化（歴史的背景）を通して注目するとともに，彼の経済理論・社会改革・新自由主

義思想の構想の過程（思想形成過程）を概観する．加えて，ホブスンの理論・思想がこれまでどのような評価を受けてきたか（ホブスン研究史とその問題点）を鳥瞰する．この検討により，著者の提示する問題点を浮き彫りにできよう．

　第2章「レント論」は，ホブスンが提起したレント論の基礎をなすレント概念，利益・余剰概念の構成・意義と関連性，さらに余剰を提示したいくつかの手法を検討する．言い換えれば，ホブスンのレント論はレント，利益という概念を用いて現実的・名目的・価格構成論的に余剰発生の仕組みを提示したものであるが，対費用との関係から余剰を決定するという手法を用いているケースもあるため，両手法の整合性も検討される必要がある．つまり，「分配面」から発生した余剰はすべて同一であることを示すことは，レント論の概要を理解する上では欠かせないものである．

　第3章「過少消費説」は，セー法則を否定して，余剰の存在が常態であることを示した理論である．ここで主張した余剰は，レント論で提示したものとは少し異なり，本質的・実物的分析を前提にした「生産面」から発生する余剰を解明したものである．しかし，過少消費説を根拠に導出した余剰と「レント論」で分析した余剰は，全く同一のものを別の観点から見ているだけで，実質的には同一のものである．ホブスンにおける余剰の分析と理論の全体を鳥瞰する上では，この点を理解することが非常に重要であり，不可欠な点である．ホブスンは，過少消費が失業や帝国主義発生の原因であると主張しているため，失業や帝国主義の原因を「分配面」で発生した余剰から解明していたことになる．つまり，ホブスンが定義した余剰のすべては，「分配面」からの分析であると集約できよう．

　第4章「社会改革の思想」は，余剰がどのような社会問題を引き起こし，その対応策として何が必要かを示したものである．それは失業・貧困対策としての経済政策，私有財産制度の修正，社会立法・教育改革・議会改革を骨子とする政治改革の2つから成り立っている．社会改革は，余剰の発生を抑えるとともに，余剰の再分配を策定・実施することにより，社会問題の解消を目指したものである．言い換えれば，社会改革を実施する上では，「レント論」で解明した余剰がその基底にあるということになる．さらに，ホブス

ンは社会改革を推し進める主体が国家であると主張しているため，国家が課税等により収入の増大を図り，国家の役割・規模を増加させなければならない．これが社会改革を実施する条件である．

　第5章「新自由主義思想におけるホブスンの歴史的位置と意義」は，第1章から第4章までの考察を踏まえた，ホブスンが生きた時代の自由放任的自由主義批判の具体的解明である．イギリスにおける19世紀後半から20世紀初頭という時代背景の下で，ホブスンの新自由主義思想の具体的な特徴を探り，それと理論の関係を検討する．加えて，世界恐慌という時代の変化に対応したケインズの新自由主義の意義と比較し，その上で，新自由主義研究におけるホブスンの再評価を概観する．

　結語は，第1章から第5章までの検討を通じて，本書が課題としたホブスンのレント論と新自由主義的改革の思想の関連性についての著者の見解，本書で体系化したホブスンの理論の現代的意義，さらに本書では検討し切れなかった今後の課題と展望を示す．

　ホブスンの課題設定の適切さと具体性を確かめるとともに，彼の提起した理論と新自由主義的社会改革思想の歴史的現実性を理解するため，まずは，「ホブスンとその時代」を確認することから始めよう．

第 1 章　ホブスンとその時代

ホブスンの生きた 19 世紀から 20 世紀のイギリスは，政治・経済情勢が大きく変化した時代であるとともに，新しい経済理論や政治思想が次々と創造されていた．この時代的背景を検討せずにホブスンの理論・改革（各種政策を含む）・思想の形成を論じることはできまい．彼の理論・改革（各種政策を含む）・思想の形成過程を解明するため，まずその歴史的背景，次いで思想形成過程について，本書に必要な限り簡潔に検討を行う．さらにホブスン研究史とその問題点という観点から，これまでのホブスン評価と，著者が本書において彼の理論・改革・思想を再構成する意義を検討する．

それでは，「19 世紀末から第 1 次大戦期におけるイギリス —— 歴史的背景 —— 」を確認することから始めよう．

1．19 世紀末から第 1 次大戦期におけるイギリス —— 歴史的背景 ——

ホブスンのレント論，過少消費説，社会改革論，新自由主義思想は 19 世紀半ば以降のイギリスの政治・経済的変化を抜きに語れない[1]．なぜなら，イギリスの政治・経済的変化がホブスンの問題意識を形成する背景になっているからである．そこでまず，イギリスの政治・経済変化がどれほど急激であったかを検証することにする．

経済的には，19 世紀半ばイギリスは，世界の生産量のなかで石炭が 60 %，鉄と綿製品が 50 %，金属製品が 40 % を占め，また製造品輸出は世界貿易の

---

[1] 19 世紀から 20 世紀についてのイギリスの国内外の経済活動は Daunton（2008）が詳しい．

40％を占め，文字通りの「世界の工場」であった．それを維持するためイギリスは，1849年に穀物法を撤廃および航海法を廃止し，さらに1850年から60年にかけて保護的な関税と植民地特恵を廃止し，英仏通商条約（コブデン条約）を締結することによって自由貿易体制を確立した．この結果，1850年から70年にかけて，鉄鋼，機械類，石炭の輸出が4倍以上に増加し，貿易輸出額全体としても約3倍増加した．

しかし，イギリスの繁栄は長続きしなかった．イギリスは，ドイツから始まった1873年の世界恐慌，1879年の過剰生産恐慌，1882年の恐慌，1890年の「ベアリング恐慌」，1892年の恐慌の影響を受け，普仏戦争後の1873年からほぼ4半世紀にわたる大不況と呼ばれる時期に突入する．大不況の原因としては，国内的には投資機会の減少，農業不況の発生等，また国際的には後発資本主義国の急速な工業化にともなう国際競争の激化と第1次産品の世界市場の成立，さらにイギリス以外の各国が保護政策を採用したことが指摘されてきた[2]．

大不況期，イギリス国内では，小生産者が熟練労働者を雇用しつつ，生産の社会的分業を一層推し進めて生産を拡大し，自由貿易からの利益を享受するという，18世紀以降のイギリス製造業を特徴付けていた状況が変化する．要するに，イギリスの18世紀以降の生産システムは，アメリカ合衆国やドイツのような大規模企業（株式会社制度）による大規模生産に対抗できなくなったのである．イギリスで株式会社が分野を問わず一般的に承認されたのは，1862年の（統合）株式会社法が制定されて以降であるため，大規模生産方式の導入が遅れたのである．大規模生産方式が遅れた理由はこれだけではない．イギリスの労働者は未熟練労働者ではなく熟練労働者が中心となり構成されているという労働上の問題，株式市場で資本を公募して大規模企業を作るという制度が未発達であったという金融上の問題，大規模生産を行うための基盤整備が不十分であったという社会資本や制度の問題があったことも大きい．つまり，イギリスでは，（統合）株式会社法が制定されるまで，

---

2) この指摘については，English & Kenney (edited) (2000), Hadson (1992), Hurren (2007), 秋田編著 (2004), 大塚 (2006), 服部・西沢編著 (1999), 服部 (2002), 村田・木畑編 (1991), 平田 (2000) を参照のこと．

株式市場を通して巨大資本を集約した巨大企業が発生する素地がなかったのである[3].

19世紀半ば以降に，（統合）株式会社法が制定された結果，繊維，石炭，造船，機械等のイギリスの主要輸出産業において国際競争力を持った巨大企業が出現する一方で，依然として，イギリスの伝統を引き継いだ熟練労働者を中心とした小生産者が金属雑貨，小金属加工，窯業等の製造業の分野で生産を継続していた．したがって，19世紀半ば以降のイギリスの産業界は，少数の巨大企業と昔ながらの小規模企業の両者が混在した状態であった．

ところで，大不況期にイギリスは，工業製品輸出国から植民地を相手にした消費財輸出国へと変化し，また国際競争力が以前より減少したため，製品輸出国としての「世界の工場」から，国際的金融市場としての役割が重視される「世界の銀行」，「世界の手形交換所」へと国際的な役割が変化した[4]. すなわち，製品の輸出入（貿易収支）から見れば，第1次産品国からの食糧・原材料輸入と後発資本主義国からの工業製品輸入が増加した結果，イギリスは恒常的輸入超過に陥ったのである．これとは対照的に製品以外の面（貿易外収支）から見れば，1870年代までは海運収入が最大であったが，1880年代には利子・配当収入が増大し，20世紀初頭には，利子・配当収入が貿易赤字を補填できるほどに増大した．資本輸出を見れば，1880年代から急増しており，1905年には資本輸出額が国内投資額を上回るまでに増加した．海外投資から得られる収益も，1850年代には1000万ポンド程度であったが，1870年代には5000万ポンドを超え，1890年代には1億ポンドに達し，1910年代には1.5億ポンドと年々増加し，1890年代には資本輸出の増加が国内投資の減少を招くまでに至った．

1850年代以降，イギリスの政治システムは大きく変化を遂げた．まず，

---

3) この間の経緯については，Clarke (1996), Daunton (2007), Mathias (1969), 木村編著 (2004), 村田・木畑編 (1991) を参照のこと．

4) P. J. ケインとA. G. ホプキンスは「世界の銀行」，「世界の手形交換所」の役割を担ったシティに着目して，ジェントルマン資本主義の内容と意義を著し，その先駆者としてホブスンを位置付けている (Cain and Hopkins, 1993). 加えて，ジェントルマン資本主義については，Akita (edited) (2002), 姫野 (1998) を参照のこと．

選挙資格の拡大と選挙費用の減少を目指した 1832 年の第 1 次選挙法改正を皮切りとして，さらなる選挙資格の拡大を目指した 1867 年の第 2 次選挙法改正，さらに 1872 年に選挙制度の民主化を推進するために秘密投票法が制定された．選挙制度の改正にともない，1880 年以降イギリスでは自由党，保守党という二大政党制を前提にした議会制民主主義が実現した[5]．選挙制度の改正はさらに続き，1883 年には選挙での買収・供応・脅迫等の腐敗行為を禁止した腐敗および不正行為禁止法の制定，1884 年には第 3 次選挙法改正，1885 年には小選挙区制を導入した議員配分法の制定，1918 年には男子についての完全な普通選挙と 30 歳以上の婦人参政権を認めた第 4 次選挙法改正が行われ，1928 年には 21 歳以上の男性・女性のすべてに参政権を与えるに至った．

議会内では，1910 年の「人民予算（The People's Budget）」の提出を契機に，1911 年，貴族院（上院）での法案否決権を制限するとともに，下院の法案制定の権限が拡大することを目指した議会法を制定して，長らく続いた貴族院（上院）と下院の権限を調整するという議会改革が行われた．

地方自治に関しても，1835 年の都市自治体法，1888 年の地方自治体法，1894 年の地方自治体法（二層の自治）の制定というように，地方は独自に地方議会を設け，それぞれの議会が代議制度を運営するシステムを確立した．

19 世紀初頭のイギリスの教育は，自由放任的市場主義を基盤としたものであり，教育機関はすべて私立あるいは教会のボランタリーであった．しかし，工業化の進展とともに，1833 年に就労児童に一定の初等教育を義務化した工場法，1862 年に公的教育としての初等教育を謳った改正教育令，1870 年に義務教育としての初等教育を定めた初等教育法，1880 年に就学を義務化した教育法，1891 年に公立初等教育の無料化等の実施により初等教育の義務・無料化が推し進められた．その一方で，1889 年には技術革新を進めるために技術教育の充実を図る工業教育法，1902 年には中流階級をジェントルマンの支配体制に組み込むという中等教育の充実・改革を図ったバル

---

5) 自由党と保守党による二大政党制は自由党，保守党が交互に政権を担当したが，1916 年の選挙以降自由党は凋落して，政権を担当できなくなり，労働党がその役割を担当することになる．この間の政治的変化については，Clarke（1996）を参照のこと．

フォア教育法等を制定して教育システムの充実を図った．

19世紀初頭に発生した農業不況が深刻化するにつれ，地主階級による大土地所有システムに対する批判が土地問題として脚光を浴び，1870年，J. S. ミル（J. S. Mill）が借地農投下資本の補償問題を議論する借地制度改革協会を結成した．この背景には，地主階級が農業投資を行う階級から単なる地代取得者に変化したことがある．土地問題解決のため，1875年に（第1次）農業借地法，1880年に猟鳥獣の捕殺権を借地農や農業労働者に認め，地主の社会的権威を低下させた狩猟法改正，1882年に世襲的大土地所有システムを支える法的基盤を消滅させた継承産定地法，1883年に地主の経済的基盤を弱体化させる（第2次）農業借地法が制定された．1886年のアイルランド自治法と土地購入法は，アイルランドの土地問題の急進的な解決がイギリス本国の土地問題に波及することを恐れた貴族院（上院）によって否決された．しかし1894年には土地優遇税制の廃止と累進課税の導入を謳った相続税法改正が実現する．

自由党，保守党はともに政治・教育・土地問題の解決を図っていた．1909年にH. H. アスキス（H. H. Asquith）内閣の下で，D. ロイド-ジョージ（D. Lloyd-George）が人民予算と呼ばれる画期的な予算案を提出するが，貴族院（上院）で否決される．人民予算は富者から貧者への所得再分配という社会改革政策の費用，あるいは軍備拡大の費用を賄うため累進課税と不労所得への増税を提言するものであった．具体的には所得税改革，相続税改革，土地課税を柱にした歳入の増大を目指したものである．この法案は議会法制定後の1911年に再提出され，可決されることになる．人民予算は予算の目的・内容から新自由主義思想を具体化したものであると言われている．

イギリスの19世紀半ば以降の経済的変化および政治的変化は，国民総生産量や所得を上昇させただけではなく，穀物価格等の物価が安定するという状況を生み出して，生活水準を急激に上昇させた．この反面，農業不況と食糧輸入の増加により，イギリス農業は大打撃を受け，農業生産高，農業に従事する人口を減少させ，また製造業の輸出高が減少したことにより，工業に従事できない人口を増加させた．農業の余剰人口と製造業の余剰人口が増加したのである．すなわち，さらに持続的な人口増加と都市化の進展により，都

市に農業者，労働者があふれ，スラム・貧困・失業問題が顕在化してきた．C. ブース（C. Booth）は 1886 年にスラム，貧困の実態調査をロンドンのイースト・エンドで行い，1889 年にその内容を著書として発表した．また S. ラウントリー（S. Rowntree）は 1899 年に貧困問題の実態を明らかにするため，ヨーク市の社会調査を行い，1901 年にその内容を著書として発表した[6]．

貧困については，1875 年に都市の衛生状態の改善を目指した公衆衛生法，地方自治体にスラムの撤去と都市再開発を認めた職工住宅法が制定された．しかし，スラム・貧困問題が深刻化したため，1884 年には議会によるスラム問題の調査が実施され，不動産価値の上昇で得た利益は社会に還元するという不動産増価還元原則を打ち出した．この原則は人民予算で実現する．また 1885 年に商工業不況調査勅命委員会は，失業と貧困の関連を指摘した上で，貧困が自由放任的な解決策では解消できないと提言した．すなわち，貧困を解消するための新自由主義的政策をはじめて認知したのであった．

失業については，1875 年に労働者と資本家の法律上の平等を謳った雇主・労働者法，労働組合のストライキ権を認めた共同謀議・財産保護法が制定された．しかし，1880 年代以降大不況の影響による失業が増大したため，失業者の雇用を確保するという法定 8 時間労働日運動が発生した．この運動は 1908 年の 1 日 8 時間労働日法として実現する．1885 年に失業問題に対する委員会が設置されたが，1888 年にはロンドンのマッチ工場での女工ストライキ，1889 年にはロンドン・ドック・ストライキと，ストライキが頻繁に発生する．1889 年から 1900 年にかけてストライキによる賃金や労働条件の改善を国家の助力・干渉により実現しようとする，未熟練労働者からなる一般労働組合が結成される．要するに，1880 年代は失業者の雇用機会の拡大と失業対策が労働運動の目的であった．1900 年代になると，労働運動の目的は実質賃金の引き上げと最低賃金制の実現へと変化する．ストライキは，1907 年の鉄道ストライキ，1910 年の炭鉱夫ストライキ，1911 年の海員ストライキ，港湾労働者ストライキ，鉄道ストライキ，1912 年の炭鉱ストライ

---

6) ホブスンも 1891 年『貧困問題』，1896 年『失業者問題』を出版して，貧困・失業問題を解明すると同時に，その解消策を模索した．さらに，Hobson（1930, 1931）でも，失業と貧困を問題として取り上げている．

キと続き，労働争議件数は年々増大した．こうした経緯から 1912 年，炭鉱労働者に関する最低賃金法が制定される．

この間，政府は 1896 年に労使調整法，1897 年に労働者災害補償法，カナダ関税法を制定して，労働政策の転換を行った．この時期は保守党が主体となり，社会改革を進めた時期でもあった．1906 年から 1915 年までは，自由党政権による新自由主義を具体化する各種政策を上程していた時期であると言える．

海外に目を転じれば，イギリスは 1600 年設立の東インド会社（1858 年に解散）を通じてアジア諸国の植民地化を推し進めてきた．その結果，17 世紀から 18 世紀にかけてイギリスと植民地の三角貿易が確立する．イギリスの植民地獲得政策が北アメリカの植民地化を始めた 17 世紀から顕在化してきたのである．特に 19 世紀に入り，東インド会社の解散を契機として，アジアでの直轄植民地を増やす一方，1875 年のスエズ運河買収，1882 年のエジプト征服をはじめとして，アフリカの植民地化を拡大させていった．その間 1850 年から 60 年のイギリスの対外政策は，自由貿易の拡大を主眼としたものであったが，1857 年のセポイの乱以降，カナダ，オーストラリア等の白人移住植民地とそれ以外の従属植民地への対応が変化した．カナダ，オーストラリア等の白人移住植民地は後に自治領となり，独自の自治政府と議会を持つようになる．19 世紀後半になると先進工業諸国が過剰供給の商品の捌け口として，あるいはよりよい投資先を求めて，帝国主義的拡張政策を前面に押し出し，海外進出（領土分割による植民地政策）を行うようになった．いわゆる帝国主義の時代に入ったのである．大不況期の 1884 年にイギリスは本国と自治領との関係を密接にするため，帝国連合（1887 年から 1909 年までは植民地会議と名称を変更し，1911 年から 37 年までは帝国議会と名称を変更しながら現在の英連邦首脳会議に至っている）を結成し，1889 年には帝国内自由貿易と帝国外に対する関税の強化を図る帝国関税連合の構想を打ち出した．イギリスがアフリカへの帝国主義的進出を行っている最中の 1899 年に南アフリカでボーア戦争が発生するが，その後南アフリカは，1910 年に南アフリカ連邦としてイギリス自治領になる．アフリカの領土分割と植民地化という先進工業諸国の帝国主義にとって，ボーア戦争は，先進工業諸

国がアフリカのほぼ全土を分割・植民地化した具体的事例の1つであった．

2．ホブスンの思想形成過程

ホブスンは1858年にイングランド中部の都市ダービー市で自由党系地方新聞編集者の次男として誕生し，何不自由なく少年期を過ごした．ダービー市では，労働者階層のなかにも中流と下層という社会の階層分化が混在していた．ホブスンは少年期の思想環境について，「60年代と70年代における自由主義の自由放任的姿勢が，私の最も早い時期の政治教育の基礎であった．政治と日常生活の間の裂け目は，固定し完成されたものであった」(Hobson 1938, 19：訳16) と述べていることから分かるように，ホブスンの周囲には自由放任的自由主義の思想がいたるところに満ちており，この思想がもたらすメリットとデメリットをホブスンが実感していたことが窺える．ホブスンの自伝的回想のなかでは，この環境がもたらした効果について言及していないが，後にこのデメリットを是正するため新自由主義思想を主張する基盤を，この時期に形成したのであろう．つまり，ホブスンは少年期から政治的異端（社会改革思想）の萌芽を持っていたと言える．

宗教的には，家族がピューリタンで，カソリックを批判する立場にあった影響から，ピューリタンという宗教的立場をとっていた．しかし，その後，ピューリタンの教義にも批判的な立場をとるようになり，オックスフォードに入学したときには，すでに宗教的異端者になっていた．これらの政治的・宗教的異端者の立場が，ホブスンに経済学へヒューマニズムを導入するきっかけを与えるようになったと考えられる[7]．

経済学でのホブスンの異端は[8]，A. F. マムマリー（A. F. Mummey）との共著『産業生理学』の出版が最初であった[9]．「私の心が経済科学の基本的争点をめぐって自由に働き始めるずっと前に，私は，後に私の思考に決定的

---

7) ホブスンのヒューマニズムの導入にあたっては，J. ラスキン（J. Raskin）の影響が大きかった（Hobson 1938, ch. 3）．ラスキンとホブスンの関係およびラスキンについては，Cook (1953), Cockram (2007), Craig (2006), Fain (1952), Winch (2009), 大熊 (2004), 笹原 (1997) を参照のこと．

な役割を演じることになる，より狭い意味で経済学の異端説に捕らえられた．それは偶然の接触といってよいようなことから起こった．エクセターの学校で教えていたとき，私はマムマリーという実業家と知り合うようになった」(Hobson 1938, 29-30：訳 27) という回想から分かるように，この偶然の出会いによって，ホブスンは異端の経済学（ここではセー法則を批判する過少消費説）へ第一歩を踏み出すことになる[10]．ホブスンの過少消費説はマムマリーの示唆によるところが大きく，「この人物が過剰貯蓄にかんする議論で私を混乱に陥れた —— 彼はそれが不況期の資本と労働の過少雇用の原因だとしたのである．長い間，私は正統派経済学の武器を使って彼の議論に反駁しようと試みたが，ついに彼は私を説得し，私は彼に協力して過剰貯蓄論を精密化し，それを『産業生理学』という題で 1889 年に公刊した」(Hobson 1938, 30：訳 27) という経緯から分かるように，過剰貯蓄が生産要素の過少利用を発生させることが不況の原因となっている，と彼は捉えるようになった．要するに，過少消費説を用いて，個々人の利己心に基づいた経済行動が個々人を豊かにするだけではなく，社会全体も豊かにするという自然調和論的なセー法則を批判し，一般的生産過剰を認めるとともに，正統派経済学の大前提の批判に目を向け始めたのである．

ホブスンは，本質的・実物的に「生産面」から発生する余剰，すなわち実物的生産過剰を解き明かした過少消費説に依拠して，先進工業諸国では，必ず過剰貯蓄が発生することを明らかにした．つまり，過少消費説は，生産過剰を解消するための捌け口の必要性を主張した帝国主義の批判や，過剰貯蓄

---

8) フォーセット夫人 (M. G. Fawcett)，ミル，スミス，W. S. ジェヴォンズ (W. S. Jevons) の著作を通じて経済学と最初に出会ったと述べていることから分かるように，ホブスンはスミスの経済学の分類法やミルの分類法，さらに限界革命の意義についても十分に理解していたであろうことは予測できる．それらの経済学の分類法（生産論，分配論，価値論，消費論等）を基本として，経済学を組み立てていたと考えられよう．ホブスンが想定した広義の経済学については尾崎 (1998, 2004) を参照．
9) この著書を出版した結果，1890 年の *Journal of Education* における『産業生理学』に対する無記名（エッジワースが著者とされている）の辛らつな批評により，ロンドン大学の公開講座講師への進路が閉ざされ，さらにオックスフォード大学の公開講座から閉め出されることになり，その後ジャーナリストの道へ進むことになった．
10) ホブスンの異端性については，Richmond (1978)，大水 (1997, 2005) を参照のこと．

による消費の減少から発生する失業の原因究明を，実物的余剰という概念に基づいて展開した理論である．

さて，現実社会に目を向ければ，どんな土地でも地代が地主に支払われているにもかかわらず，正統派経済学は地代をゼロと前提して議論するため，地代が利益の一部を構成していることを認識していない，とホブスンは批判する．「私が早い時期に経済学研究へと接近した際，奇妙に思われたのは，土地の私有と地代の発生が経済学者には重要な問題とみなされていないことであった．彼らは，地代が生産費としての役割を果たすことを認識できなかったため，それが自然の秩序に属するもの，すなわちそれを受け取る人には当然の利益となるが，他の誰にも損をさせないものだと単純に受け取ったのである」(Hobson 1938, 27：訳24）というホブスンの言葉から分かるように，どんな私有地でも地代が発生し，地代がゼロになることはない，と言うのである．現実の経済社会では，限界地でさえ地代が支払われているのであって，土地利用の対価として地代が必ず発生するという想定が，ホブスン独自のレント論を形成する契機になった．つまり，ホブスンは次のように言うのである．

　何種類かの土地，資本，労働の演じる役割を考察する際，それらの何単位かに対して，それらが投じられるさまざまな用途のために計算可能な量の生産的効用を帰属させることが必要だと思われた．ここで私が気付いたのは，土地の場合を除くと，こうした計算の方向でほとんど何も行われていなかったこと，土地の場合でさえ，すべての土地を，ある1つの用途に対して肥沃度だけが違う同じ種類の物質であるかのように扱うのが大勢だということであった．地代が無料か名目的な場合にのみ辛うじて耕す価値のある限界[11]地があり，もっと良い土地は限界地の収穫を上回る収穫超過分に当たる差額地代を支払った．地代は生産費や価格に入り込まないという断定は，地代なき限界地という何ら証明されていない想定に基礎を置くものであった．1つの地片にもいくつかの代替用途があることが分かれば，限界地で地代を生み出さないのは，これらの最低の用途だけだということ

11）引用文中のイタリック，ゴシック，' ' は，以下本書ではすべて傍点を付して置くことにする．

が直ちに明らかであったからである．(Hobson 1938, 44-45：訳 39-40)

　ホブスンは土地と地代の関係について，代替的用途のない土地，すなわち限界地では地代が発生しないという考えが広く流布しているが，そこでも土地と生活を維持する最低の費用が発生していると主張し，正統派経済学者はこのような認識を持っていなかったと考えていた．限界地でさえ，土地の維持と生活の維持に必要な地代（レント）が発生しているという事実がある．ホブスンのレント論は現実的・名目的・価格構成的分析であり，「分配面」から余剰の発生を解明した理論である．

　加えて，地代以外や現行の経済システムについても，「ここまで手がけてきたこの分析は，現行の経済システム（地代という要素は除いて）の必要性とその公正さも自明のこととしているかに見える．限界超過分の支払いを受け取る資本・労働の所有者は，その貯蓄，頭脳および労働力を最大限に活用する上での高度の個人的努力や効率によってそれを得ているのだと主張することもできる．こうして，競争的自由放任経済が正当化されるのである」(Hobson 1938, 46：訳 41) と主張していることから分かるように，自由放任的個人主義を前提にした正統派経済学を批判していた．ホブスンの指摘は，自由放任的自由主義の下での私有財産制度と競争的市場システムに対する批判に他ならない．要するに，公正さを求めるなら，自由放任的自由主義を放棄し，新しい形態の自由主義が模索されなければならない，とホブスンは考えたのであろう．

　正統派経済学が想定する市場では，市場機能がうまく作用して，公正な分配が実現することになっているが，ホブスンは，後に述べるように，完全競争市場を想定していないため，市場システムがうまく作用せず，公正な分配が実現されないと指摘する．この主張は自由放任的自由主義の下での私有財産制度と競争的市場システムでは公正な分配が行われず，それを是正するための何らかの具体的政策・改革を実施する必要性に対する議論を物語っていた．とすれば，1890 年代には，ホブスンは，第 4 章で述べるが，社会改革の思想をどのような政策・改革を用いて実施すればよいのかを，すでに考察していたと考えられる．つまり，「競争条件のこの不自由と不平等の性質こ

そが，90年代末に所得分配の公正について早くも挑戦を試みる気に私をさせたのである」(Hobson 1938, 47：訳42)と指摘していることから分かるように，不公正な分配から発生した現実の社会問題を解決する手段が社会改革の思想に他ならないと考えていた．したがって，ホブスンは自由放任的自由主義の下での私有財産制度と競争的市場システムの弊害を解明したレント論を用いることにより，弊害の実態とそれへの対策を模索していたと考えられよう[12]．

『産業生理学』が発刊され，それが正統派から批判されて以降，ホブスンは，正統派経済学が想定する人間像，すなわち経済的動機だけで行動する経済人を批判した．それと同時に，人間を有機体的組織論から見るならば，不経済的動機の影響を多大に受けているという意味で，経済人とは異なる人間を経済理論に導入すべきであると気付き，また国家も有機体的組織体と考え，人間の果たすべき役割と国家が果たすべき役割を認識し始めた．

健全な経済にとって，費用も効用も有機体的組織論の観点から考察することが必要である．たとえば，動作を早めたり，遅らせたり，労働時間を延長したり，短縮したりする労働条件の変化によって神経や筋肉の緊張が昂進・減衰するといった労働者の生理や精神状態に影響を与えるものは，それが何であっても，他のすべての経済的ないし不経済的生活を考慮に入れた有機体としての人間への影響に関わりなく，人間的費用という尺度で評価することはできない．同じ原則は消費の効用にも当てはまる．ある消費財の人間的効用は，その財の消費量に応じて変化するだけでなく，特定の財に入り込む個人的・家庭的な消費の標準を構成する他の要素にどう影響するかに応じても変化する．生産者であり消費者である人間という有機体

---

[12] ホブスンは，「現行の競争制度の一般的結果は競争の利益を消費者の手にゆだねることになり，また，皆が消費者であるため，生産性の改善はすべて最終的には集団としての消費者の利益になるという幼稚な通説的観念は，こうしてゴミ捨て場行きとなり，経済力こそが富の分配の主要な決定者なのだという見方が現れ始めた．この議論の全貌は，1900年にニューヨークのマクミラン社から刊行された私の『分配経済学』で示された．この刊行は，ほとんどイギリスの読者の手に本が届かず，イギリスの書評でもほとんど注目されなかったという点で，不運であった」(Hobson 1938, 48：訳43)と述べているように，『分配経済学』以降，経済理論を主要な研究テーマとすることを放棄した．

的組織体は，新古典派経済学が押しつけようとしている統計的分離主義を無効とする．生産者が自己の生活を全体として描くだけの自由と知性を持っている場合には，いつでも明らかになる．(Hobson 1938, 208-209：訳187-188)

こうした認識は，正統派経済学とは全く異なった理論体系を持っている社会主義者たちのそれとも異なっていた．しかし，ホブスンは正統派経済学に根差した理論から自由放任的個人主義を批判し，現状に合わせてそれを再建することを目指していたという意味で，あるいは身内からの反対者という意味で，「異端者」と呼ばれたのであった．したがって，ホブスンの求めている自由は古典的なものではなく，現実的に獲得しなければならない自由（新自由主義的意味での自由）であった．つまり，個別の人間，国家も有機体的組織体として考え，両者とも常に変化すると指摘したのである．

歴史の明らかにするところでは，18世紀と19世紀の民主主義における自由と平等（博愛は言うに及ばず）は，イギリスとアメリカでさえ実質を欠いており，現実の政治は上流階級の手中にとどまっていたからである．経済的民主主義のこの階級的・政治的民主主義への浸透だけが後者を大衆的自由と厚生のための真の手段とすることができる．(Hobson 1938, 211：訳190)

要するに，国家を有機体的組織体と捉え，その役割を考え，経済政策・政治改革を含む社会改革の思想に到達することは間違いないことである．社会改革思想の実現は自由放任的自由思想を放棄することを意味し，国家の役割を重視した新自由主義思想へと繋がる．新自由主義の思想は，帝国主義と対立する民主政治を実現し，国民の知性や知識の水準を向上させる教育分野での改革，国民の厚生や生活水準の向上を目指した社会立法の制定，議会改革の推進等を実施することにより，自由主義を維持しつつ，政治・経済・社会の改革を推し進める原動力になる．すなわち，新自由主義の思想を実現するためには，既成の学問分野からの分析では不十分であるとホブスンは言うのである．これを含めた学問が，ホブスンの言う社会学である．したがって，現実の社会問題に対応するためには，経済理論（不平等や余剰の原因究明）・

改革（経済政策や政治改革を含めた社会改革）・思想（新自由主義）を含めた理論体系を構築する必要があった．

ホブスンは，後の第 4,5 章で検証するが，19 世紀後半から 20 世紀初頭にかけてのイギリスの政治・経済・社会・思想が複雑に入り混じった世界で，国民の厚生や生活水準を向上させるためには，1 つの学問分野からだけでは分析できないことに気付き，さまざまな社会問題に対処するためには，それらを総合的に活用しなければならない，と主張し続けた．

しかし，経済的民主主義がうまく機能するためには，知性と知識の一般的標準が，特別な協働と専門家の合理的な指揮の受容が実現する水準まで引き上げられねばならぬことが肝心である．どんな仕事をするかについても，または，少なくともどうすればそれがうまくできるかの判断についても，普通の人は皆同じようなものだという古くからの考えは，いまでも教育程度の低い階級の間に広くゆきわたっている．それは，次のような明確な信念，すなわち，国民全体の厚生のために個別の能力を生かそうというのであれば，効果的・機能的な民主主義は人間の非同質性に対する細心の注意を必要とする，という信念に取って代わられねばならない．(Hobson 1938, 211-212：訳 190)

ホブスンの思想を形作ったのは，フェビアン協会（Fabian Society），レインボー・サークル（Rainbow Circle），オックスフォードの自由主義者の集会であるラッセル・クラブ（Russel Club），サウス・プレイス倫理協会（Ethical Society of South Place）における政治進化の原理としての平和的民主主義，合理主義と自由思想，政治的＝経済的民主主義，進歩的自由主義等に関する議論を抜きにしては語れない．そこでは，政治・経済・社会の諸問題，すなわち労働の質的向上，保護貿易と自由貿易，独占企業，産業の社会化，植民地戦争等に対する議論が活発に行われた．ホブスンはその議論を基底とし，自由主義を擁護しつつ国家の役割を拡大するため，経済理論・経済政策・政治改革・社会改革・新自由主義思想を体系化するという発想を得たと考えられる．確かに，ホブスンは自身が主張するように異端の経済学者であり，理論家というよりジャーナリストとして，今ある問題をどのように

解決するかに主眼を置いて活動していたため，その議論は時論的・各論的であり，それらを体系化することが難しいという事実があったことは否めない．ホブスンはヒューマニズム，すなわち貨幣を価値尺度とする経済学から人間的価値を尺度とする経済学へ移行し，それを体系化しようとしたが，その完成を見ることなく 1940 年に逝去した．

3. ホブスン研究史とその問題点

ホブスンの評価はレーニンによる帝国主義論の先駆者という位置付け (Lenin [1917] 1996)[13]，ケインズによる有効需要論の先駆者としての評価 (Keynes [1936] 1973)[14]，さらにホブスン自身が述べているように，正統派経済学を批判した「異端の経済学者」というレッテルをはじめとして[15]，その評価は時代とともに変化している[16]．しかし，いずれにせよ，従来のホブ

---

[13] 髙橋は，「ホブスンのいくつかの顔のうち，もっとも早くから知られ，いまもっとも研究の集中しているのは，彼の帝国主義論をめぐる側面であろう．彼のこの領域での主著『帝国主義』は刊行当時から自由党急進派を中心に歓迎されてきたが，1916 年にレーニンが「帝国主義の基本的な経済的および政治的特質のきわめてりっぱで詳細な叙述を与えた」と称揚し，自己の理論構築の有力な足がかりとして利用して以来，彼の理論は国際的な名声を得るとともに，しばしば「ホブスン＝レーニン・テーゼ」というかたちでとらえられるようになった．もちろん，ホブスンのレーニンと区別される独自の特徴を，よかれあしかれ強調する見解はあるわけで，近年ではむしろホブスンの優位性，独自性を強調する見方が少なくない．例えば，ガルブレイスは，レーニンの著作を「内容的には独創性はない．……この書物は，イギリスの社会主義者や社会改良主義者の中でも最も独創的な J. A. ホブスンの考えを随所に借用している」と断定的に述べている．「ホブスン・テーゼ」にせよ「ホブスン＝レーニン・テーゼ」にせよ，それに対する挑戦と克服を目指す試みも次第に形を整えてきた．その近年の有力な流れが「自由貿易帝国主義論」である．しかし，いずれのとらえかたにおいても，出発点ないし基準としてのホブスンの地位は不動であるかにみえる」(Hobson 1938：訳 訳者あとがき 197) と述べている．なお，ホブスンの帝国主義の意義については，Cain (1978, 1981), Cain (edited) (1999), Cain and Harrison (2001), Courteney (1903), Etherington (1984), Hopkins (1993), Kemp (1967), Kruger (1955), Mallet (1903), Porter ([1974] 2004), Semmel (1960, 1993), Veblen (1903), Willoughby ([1986] 2001), Winslow (1948), Wood (1983), 磯部 (1957), 入江 (1974, 1975), 大水 (2002), 川田 (1963), 木畑編著 (1998), 清水 (1965), 竹内 (2000, 2003, 2004), 中村 (2003), 中村 (2000), 長尾 (1956), 山田 (2005) を参照のこと．

スン研究の中心は帝国主義論や過少消費説であったことは間違いあるまい.

1960年代には，ホブスンは異端の経済学者であるよりも，むしろ社会改革主義者や経済政策思想の先駆者という立場が強調される．具体的には，R. E. ダウスによる独立労働党研究（Dowse 1966），R. スキデルスキーによる労働党を中心とする経済政策思想の研究（Skidelsky 1967），D. ウィンチによる経済理論と政策形成の関連についての解明（Winch 1969）等である．この評価はホブスンが独創的な理論体系を持った社会改革主義者，経済政策論者であるということを鮮明にすることにより，ホブスンが新自由主義者，社会改革主義者，経済理論家であったことを解明できたが，ホブスンの全体

---

14) 高橋は，「ホブスンの第二の顔である独自の過少消費説については，レーニンに20年遅れてケインズが『一般理論』のなかで，マムマリーとの共著である処女作『産業生理学』(1889) の刊行を「ある意味で，経済思想に一時期を画したもの」と評価して以来，「ケインズ以前のケインズ」あるいは「ケインズ革命」の不遇な先駆者としての経済学史上の位置づけが与えられることになったことは，周知のとおりである．過少消費説は彼の帝国主義論に経済学的な説明原理を提供するとともに，彼の社会改革の諸提案（累進課税や社会保障）や産業・経済政策の諸提案の理論的土台ともなった．彼の過少消費説そのものの理論的特徴については，帝国主義論ほどではないにせよ，ケインズの評価以前からも散発的に研究の対象とされてきたが，その政策面への反映については，イギリスでは伝統的に政治過程のなかで思想の果たした役割の検討が好まれなかったという事情もあって，ホブスンの貢献への認識を遅らせることになった．ホブスンがその晩年，半ば忘れられた思想家となった原因のひとつはここにあるともいわれる」(Hobson 1938：訳 訳者あとがき 201-202) と述べている．ホブスンの過少消費説については，Hewin (1891)，大水 (1989)，笹原 (1972)，清水 (1998)，八田 (2001)，姫野 (1979, 1982) を参照のこと．
15) ホブスンは自由主義者でありながら，自由主義を批判したという意味で，異端者であった．したがって，批判の理論的基礎となった「レント論」は軽視されがちであった．なお，ホブスンの「レント論」については，Clark (1891)，Flux (1900)，Offer (1980)，大水 (1994, 1999, 2005, 2008)，尾崎 (2005a) を参照のこと．
16) 1940年代前後におけるホブスン研究としては，Brailsford (1948)，Clark (1940)，Cole (1940)，Joad (1940)，Mirkowich (1942)，Mitchell (1965)，Nemmers ([1956] 1972)，Ratelcliff (1958)，Sweezy (1939) を参照のこと．また日本でのホブスン経済学の評価としては，磯部 (1950, 1958)，川田 (1954)，岸本 (1975)，清水 (1998)，松永 (2000) があるが，すべてが帝国主義論や過少消費説という枠組みからの評価ではない．むしろ厚生経済学や分配論や余剰分析のように多面的な評価が行われていたと言えよう．ホブスンの評価は時代の変遷とともに，ホブスンのどの理論を重視するかによって変化している．

像を見失いがちであったということは否めない[17]．

1970年代は新自由主義者としてのホブスンの立場が強調された．すなわち，1970年代に出版されたP. クラーク（Clarke 1974）の問題提起に始まり，M. フリーデン（Freeden 1973），H. エミィ（Emy 1973），J. アレット（Allett 1981），S. コリーニ（Collini 1979）らによる「新自由主義者ホブスン」の主張である[18]．ホブスンの新自由主義は，ラスキンやH. スペンサー（H. Spencer）の影響による有機体的組織論を基礎にしているが，すべてが同じという訳ではない．ホブスンの有機体的組織論によれば，社会の機能と個人の機能がそれぞれ独自性を持っており，社会と個人の行動・目的が乖離しているため，社会にとって善となるものと個人にとって善になるものとは異なる．したがって，自由放任的自由主義とは異なり，政府が市場へ介入する不可避性を認めるために，各種改革や政策を立法化するという理解である．こうした検証から，ホブスンはL. T. ホブハウス（L. T. Hobhouse）とともに新自由主義思想の提唱者であるという評価が有力になった．

1990年代以降，ホブスンは過少消費論者，特異な分配論者，帝国主義論者，社会改革主義者，経済政策論者，新自由主義者等の多方面から検討されるようになるとともに，ジェントルマン資本主義の先駆者としての観点からの論調も多くなっており，加えてホブスンの全体像をどのようにして提示するかという試みもなされている[19]．

しかし，以上の研究では，帝国主義論と過少消費説の内容と歴史的意義の

---

17) 社会改革者としてのホブスンについては，Davis (1957), Hennock (2007), Offer (1983), 尾崎 (1998, 2004), 小峯編 (2007), 美馬 (2000), 毛利 (1990) を，また失業と貧困については，Commons (1923), Coppock (1953), Hurren (2007), Mallock (1896), 安保 (1984), 毛利 (1981) を参照のこと．
18) 新自由主義者としてのホブスンについては，Freeden (1976), Laski ([1936] 1997), Meadowcroft and Taylor (1990), Merquior (1991), Simhony and Weinstein (2001), Townshend (2007), Weinstein (2007), 安保 (1982, 1984), 岡田 (1991, 1994), 岡村・久間・姫野編著 (2003), 音無編著 (2007), 尾崎 (1995), 田中 (1997), 服部 (1987) を参照のこと．
19) 1990年代のホブスン再評価では，Backhouse (1992), Freeden (edited) (1988, 1990), Pheby (edited) (1994), Schneider (1996), Townshend (1990), Wood and Wood (2003) 等が出版された．

解明に留まり，それを統合する枠組みとしての「レント論」の持つ役割が軽視されてきたと言えよう．ホブスンは 19 世紀から 20 世紀のイギリスの政治・経済の変化を理論化するため，さまざまな理論的取り組みを行っているが，改革を推し進める基礎理論としての役割を担ったレント論を重視していた．レント論は自由放任主義的自由主義の下での私有財産制度や競争的市場システムを前提にした経済発展には，余剰の増加という光の部分と，失業や貧困という社会問題の発生という影の部分があることを解き明かしている．

　レント論と新自由主義思想，社会改革の諸政策との関係を見れば，新自由主義思想はイギリスの政治・経済の現実に基づき，失業・貧困を社会問題として取り扱い，その原因が自由放任的自由主義にあると指摘する．つまり，レント論はイギリスの現実の自由放任的自由主義の下での私有財産制度や競争的市場システムからレントが発生する仕組みを提示しているため，社会改革の具体的政策を打ち出せるのである．

　これまでのホブスン評価は，彼のどの側面を強調するか，また，過少消費説と改革・思想を結びつけるということに，重点を置きすぎたのではなかろうか．むしろ，レント論という理論的分析が基礎に据えられていたからこそ，多角的な分析と政策提言が主張できたと理解すべきではあるまいか．先に述べたように，過少消費説を実物面，つまり「生産面」から発生する余剰を解明したものであるとするならば，レント論は「分配面」から発生する余剰を解明したということになるため，レント論を基礎としたほうがホブスンの全体の構成がより分かりやすくなるのではないだろうか[20]．言い換えれば，社

---

20)「彼の過少消費説を中心とした純粋な理論史的考察も，やはり彼の思想の総体的把握としては些か不十分であるといわざるをえないであろう．今日必要な研究課題は，経済学者としてのホブスンの当時の思想的挑戦の意味を明らかにして，そうした経済学批判の作業と新自由主義的社会改良構想との思想的関連構造を炙り出すことである」（尾崎 1998, 165）と尾崎はホブスンの体系化の必要性を主張している．しかしホブスンの評価は個別の理論の評価が中心であり，ホブスンの各理論を再構築して全体像を描写しようとしたものは少数である．たとえばアレットは，不生産的余剰をホブスンの経済理論の核とみなして，ホブスンの全体像を再構築している（Allett 1981）．また E. E. ネーマーズは，利潤がホブスンの経済理論の核になっていると主張するが（Nemmers [1956] 1972），すぐにこの主張を翻している．さらにケインは，ホブスンの過少消費説，レント論は相互に関連しあっていると指摘しているに留まっている（Cain 2002）．

会問題を取り扱う場合には，消費と所得の関係を明示したレント論が実物的分析を示した過少消費説よりもさらに具体的・価格論的に把握できることになろう．

　著者が本書で検討しようとする内容は以上述べてきたようなものであり，ホブスンの全体像をどのようにして再構成・再解釈するかという課題であり，問題である．

第2章 レント論

　第1章で見たように，ホブスンの評価は時代，あるいはどの著書に重点を置くかにより変化しているが，従来のホブスン評価は，過少消費説に注目したものが大部分であり，それが彼の思想，理論，政策の基礎にあるというものであった[1]．このような理解が根拠に欠けているという訳ではないが，彼独自の「レント」と「余剰」の概念に基づいて展開された分配の理論がその根拠に据えられているという事実は，ごく少数の例外を除き，従来ほとんど吟味されてこなかったように思われる[2]．つまり，彼の過少消費説が独自の分配論に基づいて展開されたという側面に留意して思想の全体像を再構成する，という問題関心がほとんど存在しなかったのである．
　ホブスンの分配論は，生産要素所得あるいは収入がすべてレントを含むと捉えている点に特徴がある．土地に対する報酬＝地代を rent，資本に対する報酬＝利子を rent of capital，労働に対する報酬＝賃金を rent of ability と名付け，さらに，価格が3つのレントから構成されているという事実，すなわち「レントの法則」を指摘した上で，レントから「利益（gain）」が発

---

[1] 第1章でも触れたが，ホブスン評価は時代とともに変化してきた．ホブスンの評価の変遷，および先行研究については，高橋（Hobson 1938：訳 訳者あとがき，1984，1985a, 1985b），姫野（1982, 1991）が詳しい．
[2] たとえば Nemmers（[1956] 1972），Allett（1981），Cain（2002, 31-32）というごく少数の研究者が若干の指摘をしている．また姫野（1982, 1986, 1991）はレントと余剰のそれぞれを詳細に検討した上で，それらの関係に言及しているが，本書が意図しているように，レント論をレント，利益，余剰概念から再構成して，それを中心にホブスンの各種理論等を再検討するという手法を用いた研究はわずかである．注14を参照のこと．

生し，利益から「余剰（surplus）」が発生すると説明したのである．分配論は「レント」，「利益」，「余剰」という概念装置を用いて組み立てられていたことになり，ホブスンの新自由主義的社会改革思想の根底に，分配論が刷り込まれていたことは間違いないと言ってよい．

とすれば，問題は，次のように問われなければなるまい．まず第1に，ホブスンが当時の経済学の一般的潮流とは異なる理論，すなわちレント概念を基軸にした分配論をなぜ主張しなければならなかったのか．第2に，そのレント論（レント概念を基軸にした分配論）の内容と構成はどのようなものであり，レントと利益と余剰がどのように関係付けられていたか．そして第3に，このようなレント論が構想されるに至った時代的背景はどのようなものであったか．要するに，レント論と過少消費説，新自由主義，政策としての社会改革との相互関連性はどのようなものであったのか，という問題である．本章は，レント，利益，余剰という3つのターム・概念装置と相互の関連性を内在的に再構成し，さまざまな政策提言の基礎として持つ有効性や意義を浮き彫りにしようと試みる．

本題に入る前に，本章の検討に必要な限り簡単に，19世紀末の時期におけるレント論の展開過程とホブスンの特徴について確認することから始めよう．

1. レント論の系譜と広がり

1870年代の限界革命の発生以降，経済理論研究における最重要課題は，限界原理を基本にした分配論（限界生産力説）構築であった[3]．限界原理が浸透した結果，19世紀から20世紀にかけて限界生産力説が支配的な地位を

---

3) 限界生産力説は，1881年エッジワースの『数理心理学（*Mathematical Psychics*）』，1890年マーシャルの『経済学原理（*Principles of Economics*）』，1894年ウィックスティードの『分配法則の統合（*An Essay on the Co-ordination of the Law of Distribution*）』，さらに1899年 J. B. クラーク（J. B. Clark）の『富の分配（*Distribution of Wealth*）』の刊行をもって，一般化する．なお，限界革命の経緯と内容については，Collison Black, Coats and Goodwin (edited) (1973) が詳しい．

占めるようになる．経済学のこうした潮流のなかで，ホブスンは独自のレント論を提唱した訳である．

このホブスンの提唱の理由として，L. L. プライスが指摘したように（Price 1891），議会の土地所有に関する各種法律の改正，すなわち土地の独占的占有の拡大およびそこから発生する多大なレントを阻止する試みがあったという歴史的事情は否定できないだろう．だが，これは十分な説明にはならない．というのは，当時の経済学の正統派であった限界原理は，結果としての公正な分配を示す手段に過ぎず，現実に存在しているレント，利益，余剰を認識していないため，これを説明する余地がなかった，とホブスンが説明しているからである．「限界主義者の学説によって補強された古典派経済学では，分配の合理的説明ができない．合理的，自然的かつ公正な分配はただ仮定されたものに過ぎない」(Hobson [1936] 1991, 52：訳 34) という主張から明らかであろう．

言い換えれば，限界生産力説は，「費用と実質所得として分配された生産物が等価になっている」(Hobson [1936] 1991, 44：訳 27) こと，すなわち，総生産物の販売価格の合計が総費用の合計ないし分配された総所得と常に等しいことだけを説明する「等価の定理 (theorem of equivalence)」(Hobson [1936] 1991, 44：訳 27) を説明しているに過ぎず，全所得＝全費用＝全生産物という関係は常に実現するかどうか，あるいは反対に，それらが等しくならない原因を究明していない，とホブスンは批判したことになる．つまり，限界原理は結果を説明するだけであり[4]，なぜ分配が等価になるかの原因を説明できないという批判なのである[5]．

要するに，ホブスンによれば，レント論は人間行動，社会変化の原因を追求する理論であるのに対して，限界原理は，人間行動，社会変化の原因を究明できず，すなわち人間の相違，社会の変化を説明できず，「限界主義の厳密な論理は人間の問題に解決策を提供できない」(Hobson [1936] 1991, 41 footnote：訳 25 注釈) という訳である．この限界原理は結果として価格の分配を決定することを指摘しているだけであって，価格変化，経済変化を発生させる原因を提示できないという側面に注目し，価格変化，経済変化を引き起こす原因を説明するために，ホブスンが独自のレント論を構想したと考え

られよう.

加えて，ホブスンによれば，レント論の目的は「残余説 (residual claimant)」の一掃にもあった. 残余説とは, D. リカードウ (D. Ricardo) が指摘したように，限界地では地代が発生しないため，価格は賃金と利潤から構成されるという理解のことである[6]. 賃金は生計費で決定され，価格の残りの

---

4) ホブスンの限界生産力説の批判 (Hobson 1909b, ch. V Appendix) に対して，マーシャルは反論している (Marshall [1890] 1997, 1 409 footnote：訳3 123-124 注釈). しかし，それにも関わらず，ホブスンの主張を認めて「現代の分配学説において，生産の限界点で純正産物が果たしている役割は誤解されがちである. 特に多くの有能な著述家は，1財の限界点での利用が全体の価値を支配していることを表していると考えている. そうではなく，この学説は，全体の価値を支配する諸力の作用を研究するためには，限界に目を向けなければならないと言っている. 両者の意味には大きな違いがある」(Marshall [1890] 1997, 1 410：訳3 124) と述べている. その賛同の例として賃金をあげ，「労働者の稼得が彼の純生産物に等しくなるという学説は，それ自体では，現実的な意味を持たない. なぜなら純生産物を評価するには，彼自身の賃金は別として，彼が作る商品の生産上のあらゆる経費を，所与と見なければならないからである」(Marshall [1890] 1997, 1 518：訳4 34) と主張していることから分かるように，限界生産力説は賃金決定に役立たないと指摘する. とすれば，賃金決定に適用できない限界生産力説は，「それらは，循環論に陥ることなしに，利子の理論とすることができないのは，賃金の理論とすることができないのと同様である」(Marshall [1890] 1997, 1 519：訳4 25) ため，資本にも限界生産力説を適用できないことになる. なぜ適用できないのであろうか.「すでに述べたように，それぞれの生産要因の（総および限界）能率，総純生産物ないし国民分配分に対する直接ならびに間接の貢献，それぞれに帰属する国民分配分の分け前は，数多くの相互作用によって複雑に関係付けられており，その全体を単一の命題で包摂することは不可能である. しかし，数学の簡潔で，緻密で，明確な言葉の助けを借りるならば，かなり統一された一般的な概観に導くことは可能である. もっとも，質の相違については，それが量の相違として多少とも大雑把に解釈できる場合を除いては，考慮できないことはもちろんである」(Marshall [1890] 1997, 1 545：訳4 61) と述べていることから分かるように，マーシャルは，生産要素に質的相違がある場合には，限界生産力説の持つ前提が否定されると言うのである.

5) M. ブローグは，限界生産力説の各種批判を，「それは静態的であり，生産問題に対してもほとんど役立たず，要素市場については供給側面を無視しており，需要供給の相互関係から要素市場に適用できず，さらに技術変化の性質の分析に失敗しているため，相対的な分け前に対しては直接光を当てることができない」(Blaug [1962] 1983, 510：訳III 785) と簡潔に示している.

6) 残余説は，通常，生産物の報酬が限界生産力から完全分配されることを確定する理論であるために，その姿を消すことになる (岸本1975, II 126).

部分，すなわち残余が利潤になると説明される．賃金や利潤がそれぞれ個別の原理から決定されれば，価格からこれらを差し引いた部分，すなわち残余が地代になるというのが残余説と呼ばれる．

　どのように行われたか (how it is done) を簡単で分かりやすく示すためのまやかしの方法であるさまざまな残余説は経済学の進歩を妨げた．正確な分配論の基礎を作るため，レントの法則を適応しようという試みは新しく，簡単で大まかな法則 (rule of thumb) に光を当てるために提出した訳ではないが，おそらく，科学のこの分野が直面する多数の困難の特徴やその原因をより明確に示すことに役立つ．(Hobson 1891c, 288)

　現実の経済現象は有機体的過程であり，これを分析するためには，個別の決定理論や限界原理を用いるより，むしろ全体を統一的に決定する理論が必要である．そこで，「経済学者が地代，利子，利潤，賃金を決定するため個別の諸法則（laws）を認めていること，それが私をこの試みに駆り立てる原因となった．現実の経済過程では，すべての生産要素が協調することが求められており，その協調は有機体的過程である」(Hobson 1938, 43-44：訳39)と述べていることから分かるように，ホブスンは，レント論が有機体的過程を容易に説明でき，生産要素に対する報酬を統一的に説明できると指摘している．言い換えれば，「私の主な関心は賃金，地代，利子，利潤の諸法則（laws）を統一的に提示するため，取引過程に首尾一貫した説明を提供することであった」(Hobson 1938, 165：訳149)．

　しかしなぜ，取引過程なのであろうか．ホブスンは次のように言う．「これらの限界的な買い手や売り手は彼らがすべてを売り買いできる点で価格を決定するが，他の売り手や買い手はこの価格から十分な誘因以上の何かを，すなわち余剰を得ている．土地に対する差額地代以上のものに対応する余剰は合理的で，公正な根拠がない．それはすべての消費財，生産財あるいは生産的サービスに対する市場の取引過程に広がる不合理な要素である」(Hobson 1938, 47-48：訳42-43)と述べ，取引過程では差額地代以上のものが常に発生しているため，その原因を解明できるのはレント論だけである，と強調する．というのは，限界原理に立脚する限り，賃金は常に限界労働者の

それと一致することになるが,有機体的過程,つまり現実の取引過程のなかでは,賃金は限界労働者と一致するとは限らない.労働者の質的・制度的相違のため,異なる賃金が発生するからである.

現代の経済学者は最も能率の悪い労働者の賃金が生産物の価格に計算されることを認めるが,決定因となる労働者と限界労働者を区別していない.実際には,前者に属する決定的な影響力が後者にもあると解釈すべきである.異なった労働市場では,さまざまな異なる限界労働者が存在するということをすべてに付け加えなければならない.価格に表れる多くの労働の限界レント(時には希少性に対するレントも含まれている)があり,また価格に表れない多くの差額レントがある.(Hobson [1900] 1972, 169)

このようなホブスンのレント概念に対しては,当時も批判があった.たとえば,F. A. ウォーカーは,差額地代を全生産要素に適応できるというホブスンのレント論は根拠が薄弱であるとして,ホブスンの場合は「利子や賃金を生産物価格に算入するが,レントは算入しないという事実を強調しているに過ぎない.なぜ利子と賃金が支払われなければならないのかという根拠を示すことができたとしても,それと生産費の関連性が変わる訳ではない」(Walker 1891, 424)と批判していた.さらに,価格は利子と賃金だけから構成されており,地代が価格を構成することは決してないから,「事実上,この問題に関しては115年以上も前にアダム・スミスが述べたものに付け加えるものは少しもない」(Walker 1891, 425),とホブスンのレント概念に疑問を呈していた.

同様に,J. L. ラフリンも,「土地と労働は市場に提供されている商品であるが,その起源も性質も異なっており,また土地,資本,労働が互いに異なっているという重大な生産要素の相違を無視することになり,分配の問題の本質的な困難さを無視することになる」(Laughlin 1904, 310) と述べて,生産要素の本質的相違を無視したレント論では統一的分配を説明することが不可能であると指摘している.土地,労働,資本の性質は基本的に異なっているため,これらの報酬をレントという一括した名称で表すことは不可能であり,「彼は3つの本源的要素の類似性を指摘しようと試みたが,土地の性

質が労働や資本と基本的に異なるという明白な特徴を見逃している」(Laughlin 1904, 317) と言うのである．生産要素の本質的相違を無視したレント論が統一的分配を表すことが不可能であるとして，ウォーカーと同様にレント概念の根拠を批判しているのである．

だが，フェビアン協会[7]のメンバーがリカードウの差額地代説を発展させたレント概念をホブスン以前に主張していたことを忘れてはならない．特に，S. J. ウェッブは，1888年に差額地代を独自に発展させたレント論を発表し (Webb 1888)，資本主義システムの矛盾点を露呈しようと試みたからである[8]．

ホブスンが最初にレント論を発表した (Hobson 1891c) 時期，彼はフェビアン協会の会員と頻繁に懇談しており，彼らの思想と少なからぬ思想的な共感があったことを考慮すれば[9]，彼らのレント論の影響を受けなかったと考えることのほうが不自然であろう．とすれば，ウェッブの影響の下に，ホブスンがそれをさらに発展させ，独自のレント論を提唱した可能性は十分にある[10]．

ウェッブは，生産要素の質的相違を前提にした上で，差額地代をレントと捉えただけでなく，さらに土地，労働，資本には常に最小の報酬が存在すると捉え，それぞれを「経済的地代 (economic rent)」，「経済的賃金 (economic

---

7) フェビアン協会にはF. ポドモア (F. Podmore)，E. R. ピーズ (E. R. Pease)，H. ブラント (H. Bland)，G. B. ショー (G. B. Shaw)，ウェッブ夫妻 (S. J. & B. Webb) らが所属していた．フェビアン主義の特徴は，マルクス主義のような統一的・包括的世界観を持たない，特定の理論よりも具体的なプログラムを重視，社会主義実現のため思想や政策を政治家と知識階級に浸透させる立憲的方法の採用，社会主義の担い手をプロレタリアートだけに限定しない，リカードウの差額地代論やジェヴォンズの限界効用理論の採用等にあった．

8) S. J. ウェッブやフェビアン主義者のレント論については，Ricci (1969)，Thompson (1994)，江里口 (1994, 2008)，名古 (2005) を参照のこと．

9) ホブスンとフェビアンの思想的な共感は続いていたが，「フェビアンでさえ，私の判断では，資本主義の最大の弱点を攻撃せず，またフェビアン論集は偏見のない少数の経済学教育に対しては優れた貢献を行ったが，大衆への訴えかけでは力を発揮できなかった」(Hobson 1938, 29；訳26) と述べていることから分かるように，フェビアンと決別した最大の理由は，ホブスンの求めていた社会改革とフェビアンのそれとが異なってきたからであったと見てよいだろう．

wages）」,「経済的利子（economic interest）」と名付けた．その上で，最小の報酬を上回る部分を「経済的レント（economic rent）」,「余剰（surplus）」と呼び（Webb 1888, 201-202），資本主義とは「経済的レント」や「余剰」をもたらすシステムであると捉えていた[11]．

これに対して，ホブスンは，「経済的地代」,「経済的賃金」,「経済的利子」を一括して「限界レント（marginal rent）」と呼び，さらにウェッブの「経済的レント」や「余剰」を生活水準の向上に役立つ「差額レント（differential rent）」とその役割を持たない「強制レント（forced rent）」という2種類のレントとして捉え直した（Hobson [1900] 1972, ch. 4）．ホブスンのレントの概念についてウェッブの影響があったことは否定できないが，2.1項の立ち入った考察が明らかにするように，ホブスンのレント論はレントの3分類を基礎にして，レントをより現実的な現象と結びつけるため「利益（gain）」という概念を提示し，さらに利益を政策的観点から捉えるため余剰を提示した．つまり，基礎理論としてのレント，レントを現実に発生している現象として捉える利益，さらに利益を政策的な観点から捉える余剰という重層的ターム・概念装置を用いて，ホブスンはレント論を展開していくのである．

ホブスンと同時期にレント論を展開したのは，J. B. クラークであった[12]．ホブスンとクラークのレント論の特徴については，「ホブスン氏は土地と同様に労働，資本にもレントの法則を適用できると主張しているに過ぎない．またクラーク教授も同様である．しかし，前者は賃金が通常の1日の労働時間（たとえば1週当たり15シリング）に対する最小の受け取り額を上回る支払いを意味しており，また利子が1年間にたとえば3％という最小の利

---

10) フェビアンとホブスンの関係について，クラークは両者が密接な関係にあったと捉え（Clarke [1978] 2007, 51-52, 97-99），ケインもレントがフェビアンの影響から生まれたと主張している（Cain 2002, 27-28, 31 footnote）．しかし，フリーデンは両者の出発点が同じであったにせよ，途中から枝分かれして，最終的に両者は全く異なった主張になったと指摘している（Freeden 1978, 71-74）．
11) ウェッブは経済的レントを最小の報酬以上のものから構成されると考えていた．すなわち労働については能力の経済的レント，資本については利子の経済的レント，土地については土地の経済的レントと呼ぶものから成り立っている．

率以上であることを意味している．一方，クラーク教授は雇用された労働者や利用された資本にレントの法則を拡張することを模索している」（Walker 1891, 431）というウォーカーの鋭い指摘がある．

　つまり，クラークは最小のレントの存在を想定した上で，賃金，利子，地代が他の最小のレントにより，それぞれの報酬を決定すること，すなわち，(1) 地代と賃金の関係については，差額地代が発生しない状態で賃金が決定し，(2) 利子と賃金の関係については，最低利子率の状態で賃金が決定し，(3) 賃金と利子の関係については，最低賃金の状態で利子が決定するという限界生産力説を展開した．ウォーカーの指摘を生かしつつこれを言い換えるなら，クラークは最小のレントにより，それぞれの報酬が決定するという限界生産力説を提唱して，価格とそれぞれの報酬との関係を示したが，ホブスンは，価格が限界レント，差額レント，強制レントから構成されているという独自の概念を用い，限界生産力説とは全く異なる独自のレント論を提唱した，ということになろう．

　他方で，マーシャルは，価格を費用から分析した場合，価格が費用の合計値以上になることに注目し，両者の差を埋めるものとして「準地代（quasi-rent）」の概念を提示していた．しかも，準地代は地代，賃金，利子のすべてに発生するということを認めて，「機械や人間によって作られ，その他の生産から得られた所得に準地代という言葉を用いるのが慣わしになっている」

---

12) Clark (1891, [1899] 1956) のレントの内容については，田中 (2006) の第4章が詳しい．ホブスンは，クラークの限界生産力説について，「これは，限界単位の個々の生産力が何も決定しないにもかかわらず，分配が生産力の通りに発生するような自由な競争的産業社会の理想である」(Hobson 1909b, 113) と新古典派の言う自由な市場を前提にしていると指摘し，「生産が有機的協同によるものではなく単に機械的なものであるという，自由でしなやかな産業制度であるならば，その時には疑いなく，個々の生産物がそれぞれの要素から生産されていると考えることができるであろうし，それぞれの要素は自身が生産したものを獲得できる．しかし，そうした体制は存在しない」(Hobson 1909b, 114) と述べているように，現実の産業体制の下では，こうした想定は存在しないと批判する．この結果，ホブスンは，「限界増加分，あるいはそれが個々の生産物を生産するとか，それが集団の構成員に対する賃金を決定するのに特別な役割を担っているという考えは全くのごまかしである」(Hobson 1909b, 110) とクラークを批判することになるのである．

(Marshall [1890] 1997, 1 74：訳1 106) と主張しているから，準地代の概念がホブスンの主張するレント概念と大きく重なることは確かである．

もっとも違いも明白であって，準地代の発生は時間の概念に基づくものであった．「十分な結果を期待される期間に比べて短期間の改良であるため，短期には準地代は発生するが，長期には改良が正常な利潤を与えるのに十分な純所得を発生させるため，供給価格に直接的な影響を与えることはない．そのような短期を扱う場合であれば，これらの所得は生産物の価格に依存する準地代とみなされる」(Marshall [1890] 1997, 1 426：訳3 145-146) と述べ，短期では準地代が発生するが，長期では発生しないと指摘していた．これに対して，ホブスンは，現実の資本主義が有機体的過程であるため，短期・長期という期間にかかわらず，価格は常に変化すると理解しており，レントの概念なしには，変化の原因を突き止められないという見解なのである．正統派が主張する「等価の原理」や限界生産力説は，変化の結果を示すことはできるが，変化そのものの原因を説明することができないというホブスンの主張は，このような言い分を持っていたのである．この限りにおいて，ホブスンは，正統派の経済学者から遠いことは確かであるが，レント概念に注目するならば，クラークやマーシャルと共通した問題意識に立っていたことも明らかである．

2．レント論の構造

本節では，ホブスンのレント論を主として『分配経済学』(Hobson [1900] 1972) を典拠とし[13]，レント，利益，余剰という3つのカテゴリーの違いに注目しながら，内容を再構成しよう[14]．

---

13) 著者はホブスンのレント論が1891年 'The Law of Three Rents' に始まり，'The Element of Monopoly in Price'，1893年 'The Subjective and Objective Views of Distribution'，1894年 'Does Rent Enter into Price?'，1895年 'The Monopoly Rents of Capital' 等の論文で議論され，これらの内容が1900年 *The Economics of Distribution* で最終的な定式化がなされたと理解している．

2.1 レント

ホブスンは，レントが生産要素から得られる全般的な所得，収入という幅広い概念であり，土地に対する報酬を rent，資本に対する報酬を rent of capital，労働に対する報酬を rent of ability と呼び，価格がこれらから構成されることを提唱した．

要するに，レントは限界レント，差額レント，強制レントに分類され[15]，価格がこれらから構成され，土地，労働，資本の報酬もこれらから構成されるとホブスンは指摘している．

土地の場合，限界レントは，ある目的で土地を利用した結果から発生する．つまり，限界レントには，土地をそのままの状態に保つための各種土地改良や農業技術等の費用が含まれる．差額レントは，土地の肥沃度の差や土地を他の用途に利用することから発生する．すなわち，差額レントは，耕作の限界地以上に農業生産物を増大させるため，たとえば灌漑施設を充実させるための費用，各種の耕作を向上させる費用等を総計した費用から構成され，限界レントに付け加えられる．強制レントは，土地の独占的占有や土地を獲得する競争を妨げるものから発生し，土地の生産性向上には役立たないものであるが，限界レント，差額レントに上乗せされる．

資本の場合，限界レントは，現在の資本を維持するための最低限の経費に，現在の経営を維持するための経営者の最低限の賃金あるいは報酬を加えた合

---

14) 注2で指摘しておいたように，姫野は各種レントや利益を個別に分析し，それらの具体的内容を検討するとともに，余剰との関係についても言及している（姫野1982, 1986, 1991）．だが，本書で再構成するように，ホブスンの理論は3つのターム・概念装置から組み立てられていること，すなわちレント論が抽象概念として捉えるレント，これを具体的認識可能概念として捉え直す利益，さらに政策論的概念として鋳造された余剰から構成されているという事実，加えてそのような独自のレント論が資本主義体制の根幹をなす市場経済の特徴に由来するものであるという事実には，あまり触れていない．
15) ホブスンは著書，論文等により，強制レントを土地の独占から発生する経済レント，企業の独占から発生する独占レント，他の独占から発生する希少レントとさまざまな名称で呼んでいるが，これらすべてが競争の自由が損なわれた状態で発生していることから，本書ではこれらを一括して，強制レントと呼ぶことにする．

計値である．差額レントは，資本・設備の相違や資本規模の相違，経営者の教育や資質の相違から発生する．すなわち，資本生産性や経営能力を向上するための費用であり，限界レントに付け加えられる．強制レントは，大企業による市場支配力の増大や資本所有の独占等によって，古典派・新古典派の言う自由な資本市場が妨げられることから発生し，資本生産性の向上には役立たないものであるが，限界レント，差額レントに上乗せされる．

労働の場合，限界レントは，現在の労働者の生活水準を維持・再生産する最低の生計費と一致したものである．差額レントは，労働者の教育水準向上のための費用，特殊技能の獲得等による労働生産性を向上させるための費用であり，限界レントに付け加えられる．強制レントは，独占的労働の利用等によって，古典派・新古典派の言う自由な労働市場が妨げられることから発生し，労働生産性の向上には役立たないものであるが，限界レント，差額レントに上乗せされる．

以上，要するに，限界レントは，最低限の生活水準や生産性を維持するために必要とされており，差額レントは，直接的であっても間接的であっても，生活水準や生産性向上を図るために必要とされるが，強制レントは，生活水準や生産性の維持・向上に一切役立たないものである．つまり，限界レントや差額レントは何らかの形で生活水準や生産性の維持・向上に役立つが，強制レントはそれらの維持・向上に役立たないばかりではなく，むしろ有害なものとされる．ただし，差額レントや強制レントは利用されている資本に対する特許，保護関税等により，両者とも上昇することがあるが，強制レントは競争を阻害する要因からのみ発生するという特徴がある．強制レントが発生する条件とは，ホブスンの想定する「特殊化した利用（specialized employment）」である[16]．

特殊化した利用を前提に，土地を見るならば，質的相違に応じてすべての土地に，限界レント，差額レントそして強制レントが発生することになる．

---

16) ホブスンは，生産要素の利用状態を「未分化の利用（unspecialized employment）」と「特殊化した利用（specialized employment）」に分類している．前者は発展途上の社会の資源の利用を示しており，後者は高度に発展した社会の資源の利用を示している．

最悪のホップ生育地，最悪の市場向け農園，最悪の建設用地はプラスの地代を支払う．なぜなら，これらの目的のためには最悪な土地であったとしても，小麦栽培，牧草地等の他に転換できる用途を持っている土地はそれらが限界地ではないからである．(Hobson 1938, 45：訳 40)

正統派経済学は労働の同質性を主張するが，ホブスンの前提の下では，労働でも同様に，熟練度，地域性，人種，教育等の相違から，さまざまなレントが発生し，それが収入に反映されることになる．「彼らは労働市場が1つだけでなく多数あるということ，また地域性，人種，教育，産業上，さらに社会的な区分けから互いに区分されているという事実を正当に評価しなかった」(Hobson [1900] 1972, 161) と，常にさまざまなレントが発生しているとホブスンは指摘する．

加えて，正統派経済学は資本を価格から評価できると主張するが，資本を具体的なものとして見ているホブスンの場合には，その形態，利用目的，生産効率，資本集約度，利用頻度，耐久性，資本設備等の相違に応じて，常にさまざまなレントが発生するため，それらの相違が収入の差になるとされる．

有機体的過程では，生産要素をより効率的なものに置き換えるという互換可能性だけではなく，生産要素相互の互換可能性も常に発生しているため，「この互換可能性 (interchangeability) が分配論を理解する上で非常に重要な事実」(Hobson [1900] 1972, 139) になる．生産要素の互換可能性を「代替の法則 (the Law of Substitution)」と呼び，「代替の法則は，価格を評価する場合，土地耕作の限界収益点ではなく，土地，資本，労働からの複合体の限界点に取り換えるべきだということを求めている」(Hobson [1900] 1972, 159) と主張する．生産要素間に存在する質的相違は，程度の差こそあれ，資本と労働にも存在するのであるから，土地の「耕作」という言葉を資本と労働の「利用 (employment)」に呼び換えることも可能になるため，地代，利子，賃金をそれぞれ rent, rent of capital, rent of ability と呼ぶことができる．つまり，「耕作の限界収益点を利用の限界収益点 (the margin of employment) とより適切な用語に呼び換えるならば，土地に適用した議論と全く同一の議論を，資本や労働にも適用できると分かるはずである」

(Hobson [1891a] 1971, 265).

とすれば,「分配は,売買取引と呼ぶ以外によりよい用語がないが,取引過程で調整をされ,決定される」(Hobson [1900] 1972, 2) 現象であるため,取引過程で決定したレントの合計が価格を決定することになる[17]。ホブスンは生産要素の質的相違とともに,市場参加者にも質的相違があることを認める. 要するに,市場参加者の受け取る金額,数量も質的相違に応じて変化するという事実が浮き彫りにされるのである. したがって,価格が変化する範囲は,個々の需要者,供給者が持っている交渉力等から決定され,「価格を決定する方法は (a) 競争が1つの価格を決定するというより,むしろ1つの価格へのアプローチに過ぎず, (b) 価格がただ1人の需要者や供給者の卓越した交渉力から決定されると分かる」(Hobson [1900] 1972, 19) ことになる.

ホブスンが主張している変化する価格と,古典派・新古典派の言う均衡価格の関連については,「正常価格は市場価格の平均値に他ならないものであり,それ自身,異なる市場で平均した価格の数により変化する」(Hobson [1900] 1972, 56) という指摘から分かるように,両者は全く無関係であり,短期・長期にかかわらず価格が1つに収斂しないと説明している. 言い換えれば,均衡価格は変化する価格の平均値に過ぎないのである. ただし,価格は無制限に変化するのではなく,ある範囲内で変化する. ホブスンはこの範囲を限界対偶理論によって示している[18]。

19世紀から20世紀のイギリス経済をホブスン流の限界レント,差額レント,強制レントというタームで解釈してみよう. 私有財産としての自らの価

---

[17] ホブスンは,「土地,労働,資本の利用に対するどのような支払いが財の市場価格を構成するかが主要な問題である」(Hobson [1900] 1972, 157) と述べ,また「生産要素の利用の価格が競争や取引から決定されている限り,レント,利子,賃金を決定する方法は本質的に馬や穀物の価格を決定する方法と同じである」(Hobson [1900] 1972, 126) とも述べていることから,取引過程でレントが決定され,そのレントが価格を構成すると捉えている. とすれば,「ある種の財の価値が生産費によって,それ以外は効用によって決定されると提唱されている折衷案を否定できる」(Hobson [1900] 1972, 85) ことになり,レントの提示は価値や費用と価格の関係を放棄できることになる. つまり,ホブスンのレント論(分配論)では,価値ではなく,レントから決定した価格の大きさが分配を決定する.

値を維持している部分が限界レントであり，土地の生産性向上や資本の生産性向上，さらに才能や能力等の労働の生産性向上を表している部分が差額レント，土地の独占的占有だけではなく，大企業の寡占的・独占的市場支配力に基づいて発生するのが強制レントである．この3種類のレントにより，イギリス経済の分配がなされている．要するに，19世紀から20世紀におけるイギリスの分業構造の変化にともなう生産性の向上，さらに自由競争の推進や社会改革政策の実施による生活水準の向上は，限界レントや差額レントが上昇した結果，発生したと理解できることになる．他方，ホブスンが目の当たりにした19世紀末のイギリス経済では，大都市という限られた土地の独占的占有，熟練労働者と未熟練労働者の存在，生産性の高い資本設備と生産性の低い資本設備の並存が常態であり，まさに「代替の法則」が顕著であった．都市と農村における富・労働・住宅の分配の偏り，富者と貧者の格差の拡大，豊かな労働者と貧しい労働者，大量の失業者，貧困層の増大，さらに多数の中小企業と少数の寡占・独占企業の混在，企業間の競争激化が膨大な強制レントを発生させている，とホブスンは理解していたのである．まさしくこの意味で，抽象的レベルではあるが，3種類のレントがホブスンの分配論の基礎に位置付けられるのである．

---

18) ホブスンの価格決定は，AからHまでの8人が馬の売り手であり，それぞれの販売価格の下限はAが10，Bが11，Cが15，Dが17，Eが20，Fが20 1/2，Gが25，Hが26となっており，IからRまでの10人が馬の買い手であり，それぞれの購入価格の上限はIが15，Jが17，Kが18，Lが20，Mが21，Nが22，Oが24，Pが26，Qが28，Rが30となっていると想定している．たとえば，価格が10未満の場合には売り手が0人であり，11の場合は売り手が2人になり，15の場合は売り手が3人，買い手が1人になり，価格の上昇とともに売り手の数も買い手の数も変化する．価格が20の場合は売り手が5人，買い手が6人になるが，取引は成立しない．つまり，売り手と買い手の人数が一致しなければ，取引は成立しない．価格が21を過ぎた場合は売り手と買い手が5人ずつになるため，この価格で取引が成立することになる．また価格が21 1/2以上になれば，売り手の人数と買い手の人数が逆転して，取引が成立しない．この結果，取引が成立するのは，価格が21から21 1/2までの間だけである（Hobson [1900] 1972, 11-15）．ホブスンの価格決定はオーストリア学派のE. ベーム-バヴェルクの独占市場の価格決定（限界対偶理論）と同じものである（Böhm-Bawerk [1884] 1966）．

2.2 利　益

　ホブスンのレント概念は，資本主義体制の現実的分析にそのまま適用できたし，むしろその目的から構想されたと理解できるかもしれない．だが，限界レントの大きさこそ分かるとはいえ，差額レントや強制レントの大きさは不確定であるため，具体的に捉えることが難しい．そこで，ホブスンは，現実の資本主義経済を分析するため，抽象的な概念としてのレントを具体的に認識可能な利益という概念に置き換え，資本主義体制の現実的プロセスを把握しようと試みるのである．

　利益もレントと同様に，生産要素や市場参加者の質的相違から発生するため，「取引から発生した利益（advantage）の分配は，第1に買い手や売り手の卓越した影響力あるいは抜け目のなさ（交渉力），第2に買い手や売り手の市場価格に対する評価の相違に依存している」(Hobson [1900] 1972, 19) のであって，現実の資本主義システムでは，利益も取引過程から発生することになる．というのは，短期・長期にかかわらず，利益も取引過程から発生し，質的相違に応じて獲得する金額・数量が決定されるのであれば，「交換過程での交渉力の優位性から強制利益が発生する．完成した商品に対する支払いに関しての正確な分析は，生産要素の所有者にさまざまな段階で支払われる大きな利益の存在を明らかにする．優位性を持つ生産要素があるならば，生産要素の利用に関する市場の研究は長期の場合にさえ，それらが等しく分配されると想定する根拠はないことを示している」(Hobson [1900] 1972, 349) ことになり，利益が現実の資本主義の分析に役立つことになる．

　利益は一定範囲の価格の評価を超えた市場参加者に発生する「差額利益（differential gain）」，市場参加者の価格に対する評価の相違から発生する「特別利益（specific gain）」，市場参加者の気力や技術の相違から発生する「強制利益（forced gain）」から構成される[19]．

　土地の場合，差額利益は，土地の肥沃度を高め，土地の生産性向上をもたらすための費用から構成され，直接・間接を問わず生活水準の向上に役立つ部分である．強制利益は，土地の独占的占有や土地を獲得する競争を妨げるものから発生し，土地の生産性や生活水準の向上に役立たない部分である．

資本の場合，差額利益は，資本・設備の相違，経営者の教育の相違，資本規模の相違から発生し，直接・間接に資本の生産性や生活水準の向上に役立つ部分である．強制利益は，大企業による市場支配力の増大や資本所有の独占等，いわゆる古典派・新古典派の言う自由な資本市場が妨げられることから発生し，資本の生産性や生活水準の向上に役立たない部分である．

　労働の場合，差額利益は，労働者の教育水準の相違，特殊技能の有無等から発生し，直接・間接を問わず労働の生産性や生活水準の向上に役立つ部分である．強制利益は，独占的労働の利用等，いわゆる古典派・新古典派の言う自由な労働市場が妨げられることから発生し，労働の生産性や生活水準の向上に役立たない部分である．

　つまり，利益とレントの関係について言えば，差額レントが差額利益，強制レントが強制利益に対応していることになる．

　利益を獲得できる可能性，また利益の大きさを決定する要因が生産要素や市場参加者の質的相違にあるため，市場参加者の質的相違に応じて，利益を獲得できる者とできない者が発生する．もし，利益が市場参加者の説得力，競争力，評価の相違に対応するならば，利益が獲得できたとしても，受け取る利益の大きさは変化する．さらに，利益は市場の規模，すなわち市場における競争の自由度に応じて変化する．(Hobson [1900] 1972, 33-34)

---

19) 特別利益は生産の限界支出から測られる「生産者レント (producer's rent)」と消費の限界支出から測られる「消費者レント (consumer's rent)」から構成されている (Hobson [1900] 1972, 47-54)．生産者レントは1月，1年という一定期間の売り上げから費用を差し引いた「純利益 (net profit)」であり，消費者レントは一定期間の所得から必需品等の消費を差し引いた金額，すなわち貯蓄額と等しくなる．ホブスンの生産者レント，消費者レントは常に一定期間内に具体的金額として発生するという特徴がある．マーシャルは生産者レント，消費者レントを「生産者余剰 (producer's surplus)」，「消費者余剰 (consumer's surplus)」と呼び，ホブスンと同様の認識を持っていた．しかし，生産者余剰は生産者の受け取る収入と費用の差額，消費者余剰は支払う意思があるにもかかわらず，実際には支払わずにすんだ部分であると定義している．加えて，ホブスンは上記のように特別利益を定義しているが，強制利益と特別利益は土地の独占的占有，寡占・独占企業等による競争の自由が損なわれたことから発生するものであるため，本書では，これらを一括して強制利益と呼ぶことにする．

現実の資本主義では，常に大きな利益が発生しているが，その原因は生産要素の質的相違や市場参加者の説得力，競争力，評価の相違や市場の自由度が変化することにある．すなわち，利益を獲得できる者とできない者が並存するのは，現実の資本主義体制に組み込まれている取引過程での多様な変化がその原因になる．

それゆえ，ホブスンは，強制利益は土地の独占的占有や大企業による競争の自由を阻害する行為から発生することになると主張する．「競争の自由を制限することから，強制利益が獲得できる」(Hobson [1900] 1972, 351) こと，これが資本主義の特徴だと言うのである．

「価格や価値を決定する限界的取引でさえ，強制利益の要素は常に現れる．市場が大きく，自由な場合にはより小さくなるが，市場が小さく，制限されている場合にはより大きくなる」(Hobson [1900] 1972, 98) とホブスンは指摘する．要するに，現実の資本主義では，利益を獲得できる者とできない者が並存するため，利益が不平等の原因になっている，と以下のように言うのである．

> 差額利益に強制利益を付け加えた価格で販売されることにより，異なる買い手や売り手の経済資産の変化は，分配の不平等を一層増加させる．
> (Hobson [1900] 1972, 98)

2.3 余　　剰

資本主義体制の構造を日常的経験に属する利益という概念から具体的に捉え直したホブスンではあるが，さらに政策論的な観点から資本主義構造を捉えていくために，彼が提起したのが「余剰」である．もっとも，このような特殊な見地から着想されただけに，余剰概念はきわめて分かりにくくなっていることに注意する必要がある．結論としては，ホブスンの場合，「余剰」は2つの見地から構想され，定式化されたものであることを見逃さないことが重要である．すなわち，第1の見地は，レント，利益概念の延長線上で生産要素のアンバランスから発生するという理解，さらに，第2の見地は，対費用との関係から発生するという理解である[20]．

第1のそれについては,「資本,労働,土地がすべて利用されている生産過程では,所有者が新たな装置を採用すること,あるいは不慮の事故の発生から,ある要素あるいは他の要素の供給が相対的に不足しがちになる.この場合この要素の総供給は価格に余剰の要素を追加したものになると考えられる.この過程に直接的であれ間接的であれ,多数のさまざまな種類の資本,労働,土地が利用されるならば,ある要素あるいは他の要素に付随して余剰の要因が発生する」(Hobson [1900] 1972, 355) と指摘する.つまり,資本主義体制では,生産性が変化することや生産要素の供給が停滞することによって,生産要素の安定的供給ができないことが不可避であり,その場合にはどこかで必ず余剰が発生することになる,と言うのである.ホブスンの場合,余剰が不完全競争市場で発生する現象であると捉えており,「事業や産業において,もし資本,労働,他の生産要素の最終単位が生産したものと真に等しい価値を得るならば,この場合,限界支払いを超える余剰は発生しない」(Hobson 1925, 352) ことになる.

　余剰の大きさや分配は生産物に対する消費可能性,生産要素の供給量,技術進歩の程度などに左右されて決まる.つまり,「生産要素の所有者が獲得する余剰の分け前と金額は,(1) 消費の特性,(2) 供給の自然条件に関連した産業技術の成長という2つの一般的条件から決定する」(Hobson [1900] 1972, 357),という指摘に明らかなところであるが,これはあくまでも「取引過程」で発生する,と理解されていることが重要なポイントである.取引過程で発生する余剰の獲得者がごく少数の土地の独占的占有者や寡占・

---

20) 費用と利潤の関係については,ホブスンの『産業制度』(Hobson 1909b) を主な典拠としている.また Rossman (1991) が両者の関係を詳細に述べている.ホブスンは,費用と余剰の関係を示しているだけでなく,余剰を定義する際に,各種レント概念も同時に組み込んだため,費用から見た余剰概念とレント,利益の延長線上の余剰概念が密接に関連付けられることになっている (Hobson 1909b, ch. IV).またそこでは,生産要素としての企業家の存在と機能を主張しており,その報酬は利潤である.したがって,費用は賃金,利子,地代そして利潤(『分配経済学』(Hobson [1900] 1972) では示されていない)から構成されることになる (Hobson 1909b, ch. IV).つまり,レント論から見れば,企業者の報酬もレント,利益,余剰という3つのカテゴリーから構成されていることになる.

独占企業等に限定できるため,「余剰は資本と労働あるいは土地と労働の関係から発生するのではない.すべての競争的取引から発生して,より強力な取引者が獲得する.なぜなら,近代産業では,資本,土地,事業能力の所有者がより強力な取引者であると通常認められており,彼らが余剰の大部分を獲得するからである」(Hobson [1900] 1972, 357) と述べ,レント,利益と同様に,余剰の分配も取引過程で決定される,とホブスンは指摘するからである.

したがって,こうまとめることができよう.余剰は発生した全レントから限界レント,差額レントを差し引いた強制レント,また全利益から差額利益を差し引いた強制利益に等しい.しかし,強制レントや強制利益と異なり,差額レントや差額利益は古典派・新古典派が想定するような完全な意味での自由競争下においても発生する可能性を持っているため,「差額レントは余剰を構成するものではない」(Hobson [1900] 1972, 357) ということになる.

　　　レント＝限界レント＋差額レント＋強制レント
　　　利益＝強制利益＋差額利益
　　　強制レント＝強制利益＝余剰

という一連の関係に「不労所得 (unearned income)」の概念を追加すれば,

　　　強制レント＝強制利益＝余剰＝不労所得

ということは明らかであり,「強制利益あるいは不労所得の分け前の増加が企業家の企業利潤の形態と同じであると理解し,それを維持・仮定することには十分な根拠がある」(Hobson [1900] 1972, 351) ことになろう.

第2のそれについては,余剰は価格を構成するが,しかしあくまでも費用が支払われた後に残った生産物を表しているだけであること,すなわち「価格－費用＝余剰」という側面を強調した点に特徴がある.加えて,この「余剰」は大別して2つの概念,つまり,(a) 生産力を増加させるために利用され,社会を発展させる原動力になり,資本主義を発展するために不可欠なものである「生産的余剰 (productive surplus)」と,(b) 生産力の増加に一切寄与せず,資本主義を衰退させ,貧困・失業・不況を発生させる「不生産的余剰 (unproductive surplus)」とから成り立つとホブスンは主張している.余剰を生産的余剰,不生産的余剰に分類した目的は,余剰が進歩に必要不可

欠な部分と不必要な部分に分類されることを提示することにより，これらが同一視される危険性を避けようとしたと推測できるであろう．この分類により明らかになった特徴について，ホブスンは次のように指摘している．

1. 費用は，他の財と等価物であったとしても生産物の一部であり，ある生産要素の生産的エネルギーの経常的産出物を維持するための支払いに不可欠なものである．
2. 余剰は，費用が支払われた後に残る生産物の一部である．これは生産的余剰と不生産的余剰に分割される．
3. 生産的余剰は，費用を超えた支出から生産要素の所有者に対して支払われる部分である．他の要素と比例的な調和を保ち，他の生産要素と結合した場合には，生産物の増加や品質の改善を生み出すことができ，産業構造に活力をもたらすために不可欠なものである．
4. 不生産的余剰は，生産要素の所有者に対する支払い（地代，過剰な利子・利潤・給与という形態）である．産業構造に活力をもたらすために不可欠なものとは言えない．
5. 「生産支出（expenses of production）」は，生産要素を供給する現実の市場状態にしたがって，生産要素の所有者に対してなされる支払いである．これらには，(1) 費用，(2) 供給の自然的・人工的な希少性を通して生産要素の所有者に支払われる生産的・不生産的余剰が含まれている．(Hobson 1909b, xi)

以上の分類から，費用と余剰の関係は以下の式で表されることになる．

　　　価格＝費用＋余剰（生産的余剰＋不生産的余剰）

その上で，ホブスンは，費用，生産的余剰，不生産的余剰を次のように具体的に説明している（Hobson 1909b, 80）．

費用は，(a) 現在の能力水準で，継続的に現在の生産水準を維持するのに必要なさまざまな種類の労働や能力の最低賃金，(b) 設備や固定資本の消耗に対する減価償却，(c) 現存する設備，資本の生産や維持にかかる貯蓄を支えるのに必要な最低の利子，(d) 土地に対する損耗供給にかかる費用の合計値であり，「生活維持費（maintenance）」あるいは「生存費（cost of subsistence)」と呼ばれる．

　生産的余剰は，(a) さまざまな階層の労働や能力を量的・質的に向上させ，効率化させるために必要な最低賃金，(b) 産業発展のために必要な新資本量を供給するのに必要な貯蓄を喚起するための利益の合計値であり，「成長を促進する費用 (costs of growth)」と呼ばれる．

　不生産的余剰は，(a) 土地や他の自然資源の経済レント，(b) 生産的余剰以上の利益，(c) 生産要素の利用を経済的に十分に喚起するのに必要とされる以上の能力や労働に対する利潤，給与や他の支払いの合計値であり，「不労利益 (unearned increments)」と呼ばれる．

　したがって，上記の式は，以下のように書き換えることができる．

　　　価格＝生活維持費（生存費）＋成長を促進する費用＋不労利益

　「一元的な手法の下で，消滅したこれらの差額レントが価格に示されていないのは当然のことだ」(Hobson 1909b, 143) という指摘から分かるように，費用は生活維持に必要な部分（限界レント）だけから構成されるため，経済発展を促進する部分（差額レントや差額利益）が含まれないのである．つまり，資本主義体制の発展を維持するためには，生産的余剰という概念装置が必要である，とホブスンは言うのである．

　「余剰の不経済的な分配を示している浪費をすべて除けば，価格変化の影響をこうむったこれらのレントが表面的に絶えず変化するという性質は，産業組織の大いなる不都合や損失をもたらす原因になる」(Hobson 1909b, 144) という指摘から明らかなように，近代社会においては，価格から生活維持費（費用）を差し引いた余剰部分は大きくなり，その用途も明確でないため，余剰を生産性や生活水準の向上に役立つ生産的余剰とそれ以外の部分である不生産的余剰に分類しなければならない，とホブスンは主張する．

　現実の資本主義体制では，価格と費用の差額としての余剰（生産的余剰＋不生産的余剰）が常に存在しており，また余剰の所有をめぐる紛争が発生しているという事実もある．その限りにおいて，「もし，全生産物が必ず生産の費用だけしか含まないならば，余剰は存在せず，余剰の所有をめぐる紛争も起こらない．経済の平和と秩序は関係するすべての当事者に公正さを約束する」(Hobson [1936] 1991, 45：訳28) ことになる．こうして余剰の存在は

所得分配が公正に行われると主張する「等価の定理」や限界生産力説を批判する根拠になるのである.

　もっとも,レントや利益概念から導出される余剰概念と,費用から発生する余剰概念とは,それぞれの定義にさかのぼって検討しつつ再構成すれば,基本的には1つのレント論としてまとめることができる.つまり,2つの余剰概念の関係は次のように理解できることになるのである.

　　　限界レント＝生活維持費
　　　差額レント＝差額利益＝生産的余剰
　　　強制レント＝強制利益＝余剰＝不労所得＝不生産的余剰＝不労利益
要するに,余剰概念について2つの観点からの理解が並存しているとしても,レント(限界レント,差額レント,強制レント),利益(差額利益,強制利益),余剰(＝不労所得)と費用,生産的余剰,不生産的余剰がそれぞれ対応しており,両者が表裏一体の関係にある(Hobson 1909b, ch. Ⅳ)ことから,ホブスンの余剰概念がそのレント論の構成要因に組み込まれていることは間違いないのである.

　以上のように,再構成してきたレント論の体系によれば,レントが概念的基礎であり,利益はレントを基礎としながら,それをより具体化するものとして,また資本主義体制で現実的・経験的に認識できるものと捉えていたことが分かる.余剰の概念は,レントや利益を基礎として,さらにその延長線上で発生し,その存在を摘出したという意味で理念的であり,加えて,資本主義体制の構造を価格と費用の関係から理解し,その発生と具体的内容を示したという意味で政策的な見地から捉え直された固有の概念装置であることは明らかである.とすれば,現実の資本主義体制では,不労所得や不労利益をはじめ,強制レント,強制利益,不生産的余剰の発生が常態であり,これらは短期・長期に発生していることをホブスンはレント論の展開を通じて解明しようと試みていた,ということになる.3節の内容を先取りすることになるが,本節で再構成したホブスンのレント論と政策提言の理論的根拠を手短に関係付ければ,次のようになるであろう.

　過少消費説は,貧困や失業の原因が消費力や生産力の不足にあるという主張であるが,ホブスンのレント論によれば,過少消費の根源的原因は限界レ

ントや差額レント，差額利益，つまり生産的余剰が十分に提供されないことにある，と説明できる．したがって，政府による不労所得や不労利益への課税は，一方では，強制レント，強制利益，不生産的余剰を減少させる手段として，他方では，差額レント，差額利益，生産的余剰を増加させる手段として有効に作用し得ることになる[21]．つまり，レント論は社会改革政策を実施する際の政府による課税の正当性・妥当性の理論的根拠となり得るのである．

3．レント論の視座からの過少消費説，社会改革，新自由主義

本章で再構成したレント論と，第3章以降検討する過少消費説，社会改革の思想，新自由主義思想との関連性を，ここで概観しておこう．

新自由主義的改革の理論的基礎とレント論の関係を明らかにするためには，時代的背景を考慮した上で，問題を次のように問う必要があろう．まず，第1に，ホブスンにおける新自由主義の概念はいかなるものであったのか[22]．第2に，新自由主義の実現のための手段である社会改革はいかなるものであったのか．そして第3に，独自のレント論は新自由主義と社会改革の思想とどのように結びついていたのか，という問題である．

19世紀後半のイギリス経済の現状について，1886年の商工業不況調査勅命委員会の調査報告は，ロンドンの貧民問題と国内産業の不振による失業問

---

21) レント論において注意すべきことは，レントでは，限界レントは機能・内容・数値で明確に示されるが，差額レントと強制レント，差額利益と強制利益，さらに生産的余剰と不生産的余剰は機能・目的で峻別できるだけであって，差額レントや強制レント，差額利益や強制利益，生産的余剰や不生産的余剰の区別が数量的に捉えられない，という点である．なぜなら，生産性や生活水準の向上や技術進歩等に必要な部分と，独占的状態においても発生する部分，さらに両者の複合的な部分との数量的な区別が曖昧になっているからである．しかし，課税対象を強制レント，強制利益，不生産的余剰に限定するならば，この曖昧な部分に境界線を引くことができる．この結果，厳格な課税は，一方では，強制レント，強制利益，不生産的余剰を減少させる手段になるばかりか，他方では，差額レント，差額利益，生産的余剰を増加させる手段になり得るのである．

22) ホブスンの新自由主義については，Clarke（[1978] 2007），Freeden（1978）をはじめとして，安保（1982, 1994），岡田（1991, 1994），八田（2001），姫野（1986），藤井（2001）を参照のこと．

題が労働条件や生活環境と密接に関連していることを指摘した．その上で，貧困や失業をあくまでも個人の問題と捉える自由放任的な解決策に疑問を投げかけ，制度的な社会問題として取り組まなければならないと提言した．ホブスンの新自由主義的社会改革の思想は，このような時代背景のなかで生み出されたものである[23]．

まず，「古い自由放任的な自由主義は死んだ」(Hobson 1909a, 3) という主張から分かるように，新自由主義登場の原因は，従来の自由放任的自由主義が現実の経済変化に対応できなかったことにある，とホブスンは捉えていた．自由主義がこれまで以上に経済活動や社会活動を活発化させ続けるためには，社会サービスの拡大や競争等の各種制度を整備する主体としての国家が，新自由主義思想を導入し拡大する必要があると構想していたと考えられよう．要するに，「国家が個人，社会生活の新しい必要に応じて，経済的，道徳的環境を整備することにより，自己啓発や各種社会サービスを市民に提供しなければならないということが明らかになれば，前世代の自由主義と無関係になる」(Hobson 1909a, 3) と言うのである．自由主義と新自由主義の基本的相違が政府の役割の重視やその拡大を要求する点にある，とホブスンは明確に主張している．「社会が競争機能の崩壊や私的独占か，公企業化かという選択に対峙するとき，また対峙せざるを得ないとき，公共の安全を妨げるような，国家に対する批判は決して許されない」(Hobson 1909a, 95) と述べていることから分かるように，国民の自由を保障する国家の広範な活動はすべて容認されるべきであり，これに対する干渉，批判は決して許されるものではない，と考えていたからである．

---

[23] ホブスンの新自由主義の原型が出来上がった時期について，姫野は，「最近のホブスンにおける新自由主義への関心は *Social Problem : Life and Work* (1901) や *The Crisis of Liberalism : New Issues of Democracy* (1909) といった 1900 年以降の著作に注目するものであるが，ホブスンにおける新自由主義の内容は以上見たように 90 年代前半にその原型が出来上がっていたといえるであろう」(姫野 1986, 24) と指摘している．ホブスン自身も，「90 年代のこの時期に属するその他の交友関係も，同じ傾向，すなわち，経済学と政治学の密接な関係と，両者を調和させ，それをともに人間的厚生の技術という，より広い概念の下に位置付ける社会倫理の探求に力を貸した」(Hobson 1938, 55：訳 50) と主張していたから，1890 年代には出来上がっていたと捉えるのが妥当である．

新自由主義体制を実現するためには，資本主義制度の根幹である経済，司法，立法，行政，選挙制度等の制度自体の改革を実施しなければならない．「社会改革は一連の選挙，立法，行政そして司法の過程を通して戦い進まなければならない」（Hobson 1909a, 5）とホブスンは言う．特に，課税についての法案否決権が貴族院（上院）にある限り，社会改革を実施するにあたっては，貴族院の法案否決権がネックになっていることを鋭く指摘している．
　このようにホブスンは古い自由主義を批判したが，「競争システムを廃止すること，すべての生産設備，分配，交換を社会化すること，さらにすべての労働者を公的奉公人にすることを目指しているのではない」（Hobson 1909a, 172）と主張した．つまり，彼の目指している新自由主義は，資本主義制度の基礎にある競争システムや私有財産制度の維持が前提であり，これらの前提を放棄することやすべての制度を社会化するという社会主義とは全く異なっていることを強調する．なぜなら，彼の目的は，現実の経済変化から発生した社会問題を生み出す経済的・社会的・法律的・制度的規制の除去にあったからである．「新自由主義はこの教義を身につけ，その実行を準備しつつある．法律上また経済上の特権が競争を妨げ，無効にしているのは経済的事実である．これらが下層階級の人々の卑しい労苦や貧困，上流階級の人々の卑しい怠惰や贅沢の原因になっている」（Hobson 1909a, 4）という主張から分かるように，競争システムに対する障害や独占的私有財産制度から貧困と失業という社会問題が発生している，と捉えていたのである．
　次に，貧困について，「われわれは豊かな人々の富の供給源を攻撃することによってのみ貧困を救済できる」（Hobson 1909a, 175）と指摘し，貧富の差が発生し続けている限り，このような問題意識を持つことが貧困を是正・解消するために必要なことである，とホブスンは訴える．つまり，貧困の解消のためには，「経済的正義の要求に注目し，それを主張するだけでなく実現することが，貧困の唯一の根本的な救済である」（Hobson 1909a, 175）と主張し，経済的正義の実現が解決策になる，とホブスンは言う．具体的には「貧困救済は機会均等である」（Hobson 1909a, 162）と述べていることから分かるように，社会正義の実現は「機会均等」の実現であり，これが実現されない限り，貧困は根源から解消できない，と主張するのである．

また失業については，ホブスンは，「失業の経済的原因は過少消費にある」(Hobson [1896] 1992, 98) と明確に指摘している．2.3項で示したように，過少消費は，資本主義体制の市場で発生した余剰（強制レント＝強制利益＝不生産的余剰＝不労所得）が原因になっているため，レント論から説明できる．失業の原因が過少消費である限り，失業の根本原因はレント論によって示すことができるのである．ホブスンのレント論に基づいて失業解消の方策を模索すれば，政府が余剰をいかにして減少させ，その部分を社会全体に活用するか，ということになろう．加えて，「重要でない原因を十分に酌量した後，私は，失業が不景気の一局面と一致するということ，および，事実の分析をさらに進めることによって，過少消費を産業上の弊害の直接的原因だということを立証できた」(Hobson [1896] 1992, viii) と述べ，失業だけではなく，経済不況も過少消費から発生する現象である，とホブスンは洞察している．

ホブスンにとっては，このような社会問題を解消する具体的な手段が社会改革であった．彼は「国民の生活水準の向上のために」(Hobson [1896] 1992, 102)，社会改革が不可欠な手段であると主張し，社会改革を実施するための原資について，「確かめられる限りにおいてであるが，土地のレントや価値に対する直接税や累進課税は，この政策と調和している」(Hobson [1896] 1992, 102) と指摘し，社会改革は多様な租税制度を実施することによって可能になる，と言うのである．「天然資源の個人的な利用に対する平等な利用可能性はさておき，土地を公的所有にする，あるいは年々の評価に課税するという平等の原理は，すべての社会構成員に利益を等しく使う公的収入になる」(Hobson 1909a, 98) とし，政府が社会改革を実施するための新たな課税を制度化しても，国民全体から見れば，課税の平等の原理を損なうものではないと述べ，新たな課税を擁護するのである．

最後に，新自由主義とレント論の関係について，ホブスンは，社会問題としての貧困の直接的原因は生産力の浪費や不公正な分配のように生産部門や消費部門に存在していることが常態であるため，これらを解消することが必要になると言う．つまり，「貧困の主因は，機会均等が公平に実現されていないことにある．なぜなら，このような不公正は，一方では，生産力の浪費

を意味しており,他方では,悪分配,消費力の浪費を意味している」(Hobson 1909a, 164) のであるから,貧困解消のためには,悪分配や生産力の浪費を改善しなければならないのである.それゆえ,貧困の原因が消費力の減少,すなわち生活水準の向上に役立たない強制レント（ホブスンの引用文では経済レント）にあると主張できることになると同時に,「失業の説明を消費力の悪分配という経済レントや利潤の独占的要素に求めることは当然で,必然の結果となる」(Hobson [1896] 1992, x) 訳であるから,失業の原因が強制レント,強制利益,余剰（あるいは不生産的余剰）にあることは明らかである.言い換えれば,レント論は,取引過程から強制レント,強制利益,余剰（あるいは不生産的余剰),不労所得や不労利益が発生することを浮き彫りにしているため,貧困や失業とともに過少消費説の原因を特定できることになる.

　加えてホブスンは,私有財産制度と自由競争を前提にしているが,自由放任は否定している.しかし,現実の資本主義では,競争が自由放任にされているため,取引過程から強制レント,強制利益,余剰（あるいは不生産的余剰),不労所得や不労利益が発生している.要するに,ホブスンが独自に定式化したレント論は,「私は不況期に発生する過剰貯蓄と浪費が所得の不平等を生み出すことを明らかにするため,市場における財と生産的サービスについての取引過程を分析することにした」(Hobson 1938, 164：訳 148-149) 結果であると同時に,「生産的・消費的統一体とみなされる社会の厚生を保障すると信じられていた自由放任理論に対する反逆である」(Hobson 1938, 38：訳 34) とする.これは国家の役割の拡大が真の自由をもたらすという新自由主義の主張に他ならない.

　次のホブスンの主張から分かるように,現行の私有財産制度を破壊しない限り,生産性や生活水準の向上に役立たない強制レント＝強制利益＝余剰（あるいは不生産的余剰）＝不労所得＝不労利益が社会改革の原資としての課税対象に限定することができる.ホブスンは,「経済レントや独占利潤と,それを生み出すのに協力した企業を維持するために必要な価値の上昇を区別することは,多くの場合は困難であり,また,不可能な場合もあるであろう.しかし,経済分析は,私有財産制度の本来の権利や私的利益追求のいずれに

よっても正当化されず，国民が公共目的用に受け取り，使うために必要な不労所得としての大きな資金が存在している事実を明らかにしている」(Hobson [1896] 1992, 101) と主張する．したがって，ホブスンによれば，「不労利益を受け取ることは財政上の権利」(Hobson 1909a, xii) に他ならないのである．

とすれば，国家が強制利益，不生産的余剰，不労所得や不労利益に課税することは，生産性や生活水準の向上をもたらすだけではなく，消費力や生産力の向上に寄与できることは明らかである．それは「富者の手中にある消費力の余剰は，その所有者にとって，すべてが不労所得である．たとえば，都会の土地の価値上昇によって発生したものの一部は，公的な努力から得られたものであるから，健康的な国民生活を支援する公的消費のための財産になる」(Hobson [1896] 1992, 99) という指摘に明瞭に窺えるところである．要するに，社会進歩に役立たないこれらの部分に課税することが，生産性や生活水準を向上させるために必要なことであり，「価格にこれらの強制利益あるいは余剰の要因があると認めることが，社会改革のさまざまな方策を考慮するに際して，重要な結果をもたらす」(Hobson [1900] 1972, 352) 訳で，このような意味で，レント論が社会改革の原資を特定するのに重要な役割を担っているのである．

新自由主義が資本主義制度の維持・発展を目指している限り，資本主義制度の下で発生した社会問題を解決するためには，生産性や生活水準の向上を図り，労働条件や生活環境を改善させなければならない．言い換えれば，自由主義を維持しつつ，資本主義体制を維持し，発展させるためには，社会改革を実施せざるを得ないということになるのである．以上の意味において，ホブスンのレント論は新自由主義的改革の理論的基礎という役割を担っていた，と評価できると思われる．

第3章では，ここで再構成したホブスン独自のレント論とは異なった立場から余剰を分析した過少消費説を取り上げ，新自由主義的社会改革思想の基礎理論としての両者の関連性と特徴を検討する．

第3章　過少消費説

　第2章では，新自由主義的社会改革思想の理論的基礎であるホブスン独自のレント論の再構成について検証したが，ホブスンは，経済的弊害（余剰発生）の原因は過少消費説からでも説明できる，と主張している．本章では過少消費説を再構成した上で，経済的弊害と過少消費説の関係，さらに過少消費説とレント論の関連性について立ち入って考察することにしよう．

　過少消費説は19世紀前半にT. R. マルサス（T. R. Malthus）やJ. M. ローダーディール（J. M. Lauderdale）およびJ. C. L. シスモンディ（J. C. L. Simonde de Sismondi）によって主張されたが，正統派経済学者があまり注目しなかった理論である．確かにマルサスの過少消費説は，リカードウと対立しながら一般的生産過剰の可能性を認めていたが，マルサスが価値論や政策論に経済分析の重点を置いたため，過少消費説を当初の主張以上に発展させることがなかった．加えて，マルサスの過少消費説が，リカードウが主張した古典派経済学のセー法則と異なる主張であったとしても，経済理論を構成する基本的な定義では，需要が消費のみから構成される等，古典派経済学が用いている定義をそのまま受け入れており，リカードウが主張するセー法則をそのまま受け入れないという程度の主張であったと考えざるを得ない[1]．いずれにしても，過少消費説はマルサス，ローダーディール，シスモンディらが主張して以降，ケインズの有効需要論に至るまであまり重視されること

---

1) セー法則についてはSowell（1972），溝川（1966）が詳しい．なお，マルサスの過少消費説はMalthus（[1820] 1989, Preface, ch. 7：訳 序説，第7章），リカードウの言うセー法則についてはRicardo（[1817] 2004, Preface, ch. XX：訳 序言，第20章）を参照のこと．

はなかったと言ってよい.

　1889 年, ホブスンはマムマリーとの共著『産業生理学』(Hobson and Mummery [1889] 1989) において, 過少消費説を用いてセー法則を批判しつつ, 一般的生産過剰が発生する可能性を主張した. この著書において, ホブスンは, 貯蓄が個人と社会を富裕にするが, 支出は個人と社会を貧困にする, あるいは貨幣に対する愛着が経済的善である, というミルの主張を全面的に否定することになった. 個人の過度の貯蓄習慣が社会を富裕にせず, 逆に社会を貧困にすると主張したのである. 言い換えれば, 個人の過度の貯蓄習慣が蔓延すれば, 労働者の雇用を減少させ, 賃金を引き下げ, 結果的に, 生産過剰を発生・拡大させることになると主張し, 貨幣に対する愛着が, あらゆる経済的弊害を発生させる原因であることを示したのである. 個人にとって善であることは社会全体にとって悪であるという意味で, 倹約・節制を経済的善であるとしたセー法則や正統派の主張が, その意図とは全く正反対の結論を発生させるということを明かした訳である. 過度の貯蓄増加は社会全体の生産と消費のバランスを崩すという主張であって, 現代的に言えば, 「合成の誤謬」や「貯蓄のパラドックス」と呼ばれている現象を指摘したのである.

　このようなホブスンの過少消費説が持つ理論史的意義を明らかにするためには, 第 1 に, どのような背景の下で過少消費説は出現したのか, 第 2 に, 過少消費説の意義と内容はいかなるものであるか, 第 3 に, 失業の分析における過少消費説の位置付けはいかなるものであるか, そして第 4 に, 帝国主義の分析における過少消費説の役割はどのようなものであるか, を考察する必要がある. そこで, 本章では, 第 2 章のレント論との関連も含めて, ホブスンの過少消費説の内容・特徴を具体的に提示するため, 1.「過少消費説の流行 ── ケインズの評価を手がかりに ──」, 2.「過少消費説の定式化」, 3.「過少消費説と失業」, 4.「過少消費説と帝国主義」の 4 節に分けて検討しよう. まず, 「過少消費説の流行」から始めよう.

1. 過少消費説の流行 ── ケインズの評価を手がかりに ──

ホブスンの過少消費説が脚光を浴びることになったのは[2], ケインズが有効

第3章 過少消費説   57

需要論の先駆者の1人としてホブスンを評価した[3]ことによるものである[4].

　古典派経済学とは，セー法則を肯定する経済学全体である，とケインズは独自の定義を行っている[5]．古典派経済学者とはスミス，リカードウをはじめとして，ミルからマーシャル，A. C. ピグー（A. C. Pigou）に至る，セー法則を是認したすべての経済学者ということになり，これに対してケインズの有効需要論の先駆的理論は過少消費説になる．ケインズは，マルサス，シ

---

2) ホブスンの過少消費説については，Allett (1981, ch. 4)，Cain (2002, ch. 2, 4)，Nemmers ([1956] 1972)，Pheby (edited) (1994, ch. 5, 6)，Schneider (1996)，Townshend (1990)，Wood (2003)，磯部 (1958)，岡田 (1991)，川田 (1954)，笹原 (1972)，清水 (1998)，戸田 (1960, 1967)，八田 (2001)，姫野 (1979, 1982) を参照のこと．

3) ホブスンの過少消費説とケインズの有効需要論の関係については，Clarke ([1978] 2007, ch. 7 (Ⅲ), (Ⅳ), 1998)，Freeden (edited) (1990, ch. 6, 7)，Hamilton (1954)，Kate (1998)，Schneider (1996)，岡田 (1997)，小島 (1997)，笹原 (1972) を参照のこと．

4) ホブスンはケインズの評価に対して，「ふつうの事業家が目を向ける必要があるのは，ここまでだろう．しかし経済学者は操業停止の原因を深く検討し，その原因が，消費財の需要が生産能力の増大と歩調を合わせることができなかったことにあると知る．この見解の経済学者の間でも，貨幣および信用制度の役割についての意見が分かれているが，投資の減少，資本の増加以上に貯蓄をしようとしたからだという見解は，いまでは一般化してきた．J. M. ケインズ氏は，私の分析に完全に同意してくれたのではないが，私の初期の形態の過剰貯蓄という異端説に惜しみない賛辞を送ってくれた」(Hobson 1938, 193-194：訳173-174) と謝辞を送っている．しかし，ケインズ自身は，R. F. カーン（R. F. Kahn）に宛てた1935年7月30日付けの手紙において，「マムマリーについてはご苦労いただいてありがとう．ホブスンは彼を完全に理解しないまま，彼の死後わき道にそれてしまった．しかし，ホブスンが手伝ったという本は驚くべき仕事をした．私はそれについて十分述べるつもりだが，老ホブスンはこれまでさんざん不当な扱いを受けているから，私は，Mのこの本への貢献が抜きんでたものであることについての私の考えを言わないでおくことにしよう」(Keynes 1973, Part. 1 634) と述べていることから分かるように，ホブスンの過少消費説はホブスン独自の経済理論というより，むしろマムマリーが考え出した経済理論である，と本音を示唆している．

5) ケインズは，「古典派経済学者とは，リカードウ，ジェームズ・ミルおよび彼らの先行者たち，すなわちリカードウ経済学において頂点に達した理論の建設者を総称するために，マルクスによって発明された名称である．私はおそらく語法違反ではあるが，J. S. ミル，マーシャル，エッジワースおよびピグー教授を含めたリカードウの追随者たち，すなわち，リカードウ経済学の理論を採用した人たちすべてが古典学派のなかに含まれると考える」(Keynes [1936] 1973, 3：訳3) と独自に古典派経済学を定義している．

スモンディらの過去の著名な学者の過少消費説よりも，近年，セー法則の批判を行ったホブスンの過少消費説の主張が，経済思想史上の重要なエポックであったと賞賛している[6]．

> 過少消費説は，1889年にJ. A. ホブスンとA. F. マムマリーの著書『産業生理学』が現れるまでは冬眠状態にあった．ホブスン氏はほぼ50年にわたって，たゆまぬ情熱と勇気を持って正統派の主張に攻撃を加えた．この書物は彼の多くの著書の中で，最初で，しかも最も重要なものであった．この書物は今日全く忘れ去られたが，その出版は経済思想に一時代を画したものであった．(Keynes [1936] 1973, 364-365：訳 366-367)

このケインズの評価は，ホブスンのセー法則批判を主題とした著書の出版を契機に，あまり注目されることのなかった過少消費説が，有効需要論そのものに注目させることになったという点を強調している．つまり，ホブスンが古典派経済学と同じ前提，用語を用いながら，過少消費が一般的生産過剰を発生させると主張し，古典派経済学のテーゼであるセー法則を批判した点に，ケインズが注目したということである[7]．

とすれば，ホブスンの過少消費説とケインズの有効需要論には，類似性があるはずである[8]．それは，社会全体として見ると生産－貯蓄＝消費という等式が成立するとはいえ，消費と貯蓄の動機は全く異なっているという点に集約できる．要するに，生産（所得）は消費と貯蓄という動機の異なった行為の合計値であるから，その結論は「生産が消費を決定する」というセー法

---

6) なお，ケインズは『一般理論』に先立つ『貨幣論』の第12章「貯蓄と投資との区別に関する詳解」において，ホブスンを過剰貯蓄の理論を提唱した経済学者として紹介している（Keynes [1930] 1971, ch. 12）．

7) ホブスンのセー法則批判の結論は，「かくして，次の結論に到達した．アダム・スミス以後のすべての経済学の教義が立っていた基礎，すなわち年々の生産量が使用可能な自然力，資本および労働の総量によって決定されるということは誤りである．そして，反対に，その生産量はこれらの総量による制限を決して超えることはできないが，過度の貯蓄の結果，過剰供給が生産を極大量よりもはるかに引き下げるであろうし，また実際に引き下げる．すなわち，現代の産業社会の正常な状態のもとでは，消費が生産を制限するのであって，生産が消費を制限するのではない」(Hobson [1889] 1989, vi) というものであった．

則とは対照的な,「消費が生産の大きさを決定する」という消費の経済学の主張になるということである[9]．貯蓄を独立した要因として捉え，また消費も独立した要因と考えると，セー法則を否定することができるとともに，正統派経済学も否定することになる．

ケインズはホブスンを評価しながらも，最終的に，「それにもかかわらず，彼らの理論は完璧ではなかった．その基本的な理由は，彼らが独立した利子率の理論を持たなかったことにある．その結果，ホブスン氏は過少消費が不必要な投資，過剰投資をもたらすということを強調しすぎており，相対的に弱い消費性向を埋め合わせる新投資量が必要とされるにもかかわらず，それを認めなかったため，失業の発生を助長していることを説明できなかった」(Keynes [1936] 1973, 370：訳 373) と指摘しているように，ケインズの著書名が示すように貨幣や利子の役割を重視した有効需要論を打ち立てることが最終目的であり，貨幣や利子の役割を重視しない過少消費説は，有効需要論の前段の役割を担っているに過ぎない，と考えていたことになる．

だが，クラークは，ケインズが貨幣，利子重視の視点から批判する以外にも，両者に基本的想定の相違があると指摘する[10]．

> ケインズの過剰貯蓄は過少投資を意味している．ホブスンにとっては，貯蓄と投資は同一のものの2つの名称であるから，過剰貯蓄は常に過少支出の意味である．ケインズは投資を誘発する手段としての公共事業政策により多くの関心を持っていたのに対して，ホブスンは消費を刺激する手段と

---

8) L. R. クラインは，経済政策という観点からホブスンとケインズの類似性を「ホブスンの政策的勧告はケインズのそれと類似性を持っている．彼は完全雇用達成のための賃金の引き下げを好まなかった．事実，賃金引き下げに対する指摘は，後のケインズの議論と非常に似ていた」(Klein [1952] 1958, 138：訳 148) と両者とも賃金の引き下げが悪であり，経済政策が完全雇用を実現するための手段であると理解している．

9) 姫野は，「以上，みてきたようにホブスンの過剰貯蓄論は，独占の形成されつつある 19 世紀末の過渡期において，いわゆる大不況の中に身をおき，これを消費の増加，分配の変更によって克服するという内容をもっていた．言い換えれば，ホブスンは 70 年代頃からイギリス資本主義が顕著に示し始めていた過剰資本の一般的存在という新しい現象を目撃し，これを過剰貯蓄として概念し，この過剰貯蓄の克服する消費の経済学を構想したのである」(姫野 1979, 72-73) と述べ，ホブスンの経済学が消費の経済学であると主張する．

しての再分配の主張に集中していたことになる．(Clarke [1987] 2003, 140)

クラークは，ケインズが投資を重視したのに対して，ホブスンは支出（消費）を重視している点，すなわち，ケインズは過少消費を解消するための新規投資の増加が目的であり，ホブスンは過少消費を解消するために分配の不平等を是正することが目的であった点が異なると言うのである．

加えて，クラークの指摘以外にも，両者の基本的相違があった．ホブスンは実物面のみから経済分析を行っているのに対して，ケインズは実物，貨幣という両面から分析を行っていた．つまり，「ホブスンは循環的変動に関心があった．また，心理的・金銭的要因は不況の第2次的要因であって，第1原因ではないと主張するホブスンは，基本的に貨幣はヴェールであると考える

---

10) E. D. ドーマーは，ケインズによるホブスンの貯蓄・投資批判は，ホブスンとケインズの貯蓄・投資の分析の目的が異なっていることに原因があると指摘している．ケインズがすべての貯蓄が投資されない場合を対象としているのに対して，ホブスンはすべての貯蓄が投資された場合を対象としている点で，ホブスンの分析のほうがより深い洞察ではないかと主張する．「たとえケインズとホブスンの両者が失業の研究者であったにせよ，実際には彼らは2つの異なった問題を取り扱ったのである．ケインズは（先行する期間の）貯蓄が投資されないときに何が生じるかを分析した．そしてその答えは失業であったが，問題をこのような形で述べることは，貯蓄が投資されさえすれば完全雇用が保証されるだろう，という誤った印象を与えやすいであろう．他方ホブスンはさらにもう1歩進めて問題を次のような形で述べた．すなわち，もし貯蓄が投資されるとしても，新しい設備はその生産物を消費することができるであろうか．このような問題の述べ方は，決してケインズが考えたように誤りではなかった．それはまた別の，そしておそらくより深い問題の陳述であった」(Dommer 1957, 104：訳 122) と述べているように，ホブスンは過剰貯蓄がそのまま過剰資本になった場合を分析の対象にしていると指摘している．加えて，クラインは経済政策についてのホブスンとケインズの立場の相違を，「ホブスンは困難の根源が所得の不平等な分配にあると考えたから，彼の改革案は当然この原因の除去を目的とするものとならざるを得なかった．彼は政府が公的信用を支出することを提案したが，それはこの支出をなるべく多く賃金に流れ込ませ，なるべく利潤・地代・利子および高額俸給に流れ込ませないためのものであった」(Klein [1952] 1958, 138：訳 149) と指摘しただけではなく，「彼が真にねらいとする点は，恒久的な所得の再分配を行い，それによって恒久的な繁栄を維持することができ，支出と貯蓄の適切な調整を実現することにあった」(Klein [1952] 1958, 138：訳 148-149) と述べていることから分かるように，ホブスンは経済政策を所得再分配の実施手段と考えているため，経済政策の実施によって資本主義経済に内在する分配の不平等，経済的不平等を解消できると考えていた，と言うのである．

ので，貨幣を捨象した実物タームでの説明も与えている」(小島 1995, 38-39) という小島の指摘から明らかなように[11]，ホブスンは実物世界での過剰貯蓄（過少消費）を想定していたのに対して，ケインズは実物と貨幣から成り立っている世界での過剰貯蓄（過少消費）を想定しているということである．

マムマリーとの共著『産業生理学』を発行した目的は，正統派経済学の教義，「貯蓄が個人，社会にとって善である」ことが誤りであることを過少消費説から証明するためであった，とホブスンは主張する．要するに，ホブスンの主張は実物世界から見た分析であるため，「貨幣ヴェール観」からの分析，すなわち貨幣も実物的と捉えているという点に注意すべきである．

> われわれの目的は，貯蓄が個人とともに社会を富ませ，消費が両者を貧しくするという理論が主張できないということ，過度の貯蓄習慣が反作用を発生させるということ，反作用が社会を貧困にして，労働者から職を奪い，賃金を引き下げ，経済全体に不況と沈滞を広げていることを示すことである．すなわち，貨幣に対する愛着はあらゆる経済的諸悪の根源である．
> (Hobson [1889] 1989, iv)

したがって，「貨幣に対する過度の愛着」が実物的な過剰貯蓄（過少消費）を発生させ，それが経済全体へ一般的生産過剰という弊害をもたらすことになる．つまり，ホブスンは，過度の貯蓄が個人と社会を貧困にさせ，最終的に，一般的生産過剰を発生させるシステムを実物面から分析していたのである．このように，ホブスンとケインズの過剰貯蓄（過少消費）の基本的理論やその分析手法に相違があったとしても，資本主義は必ず一般的生産過剰を発生させるため，その原因を緊急に解明する理論（過少消費説と有効需要論）が必要だという問題意識を，両者が共有していたことは間違いないであろう．

第2章で再構成したホブスンのレント論と過少消費説の関係に注目すれば，

---

11) 小島は，実物分析がホブスンの過少消費説の特徴であると主張する．すなわちホブスンと A. H. アバッティ (A. H. Abbati) の関係を対比して，「アバッティとホブスンの相違は，ホブスンが実物的分析の系譜に属するのに対し，アバッティは貨幣的分析の系譜に属し，内生的貨幣供給論の枠組みで論じていることである」(小島 1995, 48) と言う．

レント論が「分配論」から経済活動を分析しているのに対し，過少消費説は「生産面」から経済活動を分析している，という特徴を指摘することができる．要するに，レント論は現実的・名目的・価格構成的に余剰の発生を検証して，消費と所得の関係を解明しているのに対して，過少消費説は本質的・実物的に余剰（生産過剰）を検証して，消費と貯蓄（両者を実物的な生産物と言い換えてもよいが）の関係を解明しているのである．このように見るならば，両理論は全く異なる理論構成になっていると考えることができ，その適用する範囲が異なることになろう．しかし，両理論が消費を中心にした余剰発生の理論であるという観点からすれば，余剰が「分配面」で発生するか「生産面」で発生するかの違いであり，あるいは余剰を「価格的」に検証するか「実物的」に検証するかの相違だけであって，実質的には，余剰を異なった面から検証しているに過ぎない．確かに，ホブスンは現実の社会問題の原因を過少消費説から検証しているが，その検証が実物的な検証というより現実的・価格的な検証に基づいている限り，レント論が過少消費説より広範囲の経済分析に適応できるという意味で，過少消費説を支えていると言えるのではなかろうか．

このように両理論を見るならば，レント論と過少消費説の相互関連性が容易に分かるはずである．特に，ホブスンの過少消費説を理解する上では，この点を重視しなければならない．

2. 過少消費説の定式化

ホブスンが実物面から余剰の分析を行う過少消費説の定式化がどのようなものであったかを『産業生理学』を典拠として，検討しよう[12]．

ホブスンは，まず，生産，生産要素，消費，需要，需要量，供給，供給量を以下のように定義する（Hobson [1889] 1989, xv-xvi）．

・生産は交換価値を物質的あるいは非物質的形態に変えるという作業である．

・生産要素はそれらの使用により生産作業の一因となる要因である．それらは3つある．すなわち，自然力，資本（すべての設備，原料そして価

値を具体化しているものであり，まだ最終用途に至っていないものも含む），労働である．
・消費は小売商や他の最終生産者から獲得した有用な商品の突然あるいは徐々の破壊である．
・需要量は，(1) 個人やある階層についてはそれぞれが購入した数量である．(2) 社会については消費者が購入した総計である．
・供給量は販売する個人や，ある階層そして社会の視点から見た需要量と同一のもの．
・需要は需要量に対して支払われた貨幣量である．
・供給は，(1) 個人やある階層についてはそれぞれによって販売のために提供された品物の数量である．(2) 社会については消費者へ販売できる商品の総計である．

有効需要は具体的に定義していないが，ホブスンの場合，有効需要が需要量の定義と一致した概念であると考えられるから，個別経済主体の需要の集計量と等しくなる．

需要については，「需要は需要される量を購入するのに利用された購買力の量である」（Hobson [1889] 1989, 58）と述べ，供給については，「供給は曖昧さをともなわず，消費者に対する販売のために利用可能なすべての財（小売品）の総計と定義できる」（Hobson [1889] 1989, 58）と言うことから

---

12) ホブスンの過少消費説が持つ現代的意義について，ドーマーは，「ホブスンは投資の σ 効果を十分認識していた．そして，彼は成長だけがその答えになることを認識していた．彼の弱点は，乗数効果についての認識が乏しかったことと，その分析が概して厳密さに欠けていたことであった」（Dommer 1957, 104：訳 122-123）と投資を 1 単位増加することによる生産能力，あるいは産出量の増加を示す投資の σ 効果の認識がホブスンにあった，と主張する．この主張によれば，ホブスンはケインズと異なり，貯蓄のすべてが投資に形を変えて新設備になると想定していることになり，その設備から生産される生産物の供給・需要の関係を検討していたことを示すことになろう．加えて M. シュナイダーは，「ホブスンの過少消費説とハロッド・ドーマーの成長モデルの類似性は，最初にドーマー自身が，その後，J. ロビンソンがハロッドの *Towards a Dynamic Economics* (1948) の書評において注目した．ドーマーは，投資の生産能力の重要性を認めた先駆者がケインズよりもむしろホブスンであるとする」（Schneider 1996, 77）と述べていることから分かるように，ハロッド・ドーマーの成長理論との類似性を指摘する．

分かるように，過少消費説では，需要と供給を共に集計量として捉えている．

こうした定義を基に，ホブスンは，過少消費説とセー法則がどのような関係であるかを明らかにするため，セー法則の内容を次のようにまとめる．セー法則では，需要と供給が常に一致するため，次の等式が成立している．

　　　需要（消費）＝供給（生産）

セー法則は，貯蓄が消費者を変化させただけの消費であると捉えているため，消費と貯蓄が同一のものであるとみなし，全収入がすべて消費されることを前提にしている．つまり，セー法則は消費と貯蓄を区別しないため，貯蓄という行為が消し去られているのである．

だが，現実には消費と貯蓄という行為が存在しているから，これらを区別しなければならない．ホブスンの分析によれば，生産の動機は消費欲望と貯蓄欲望という2つの欲望から構成されているから，消費と貯蓄が異なった行為になるはずである．生産の動機は，生産されたものやそれと交換したものを消費する欲望だけではなく，自己の富を増加させるための節約や将来の生産に使用しようという貯蓄の欲望，すなわち将来の所得を発生させる欲望から成り立っている．消費と貯蓄の動機の峻別は，セー法則を批判すると同時に，そこからの分岐も示している．

> 正統派経済学からの分岐は，貯蓄が単にその消費者の変化を意味するものだという賃金基金説の基礎に立った理論に反対し，消費総量を減少させることを示した点にある．さらに，正統派の学説は成立しないため，次の素朴な公式に取って代わらなければならない．
>
> 　　　生産－貯蓄＝消費
>
> すなわち，貯蓄が増加するならば，消費総量は減少する．(Hobson [1889] 1989, vii)

加えて，この分岐は，「貯蓄の増加が社会を豊かにする」という考えを放棄すると同時に，「消費の増加が社会を豊かにする」という主張でもあり，これが過少消費説の基本的主張になる訳である．総収入がそれぞれの動機の違いから消費と貯蓄に区別されるため，上記の公式，生産－貯蓄＝消費を所得＝消費＋貯蓄に変更しても，何ら問題が生じないことになる．とすれば，

生産の前提として消費を捉えていることになる．つまり，セー法則では，生産がその後の消費（貯蓄も消費に含まれている）を決定するとしているが，消費が生産を決定するとホブスンは主張することになる．ホブスンの定義によれば，貯蓄は生産から消費を差し引いた残余の部分である．この残余が存在する限り，セー法則の生産と消費（貯蓄も形を変えた消費とみなしている）が常に一致するという前提は，成立しない．ホブスンの消費と貯蓄を区別する過少消費説の主張は，セー法則を批判すると同時に，ミルの賃金基金説をも批判することになる[13]．

同様にして，生産（所得）を所与として，ホブスンが定義した所得（生産）＝消費＋貯蓄の公式を用いるならば，貯蓄の増加は，消費が以前の水準よりも少なくなることに他ならない．この状態は生産過剰を常に発生させ，さらに拡大させることになる．要するに，ホブスンは過少消費説を用いて，過少消費にともなう生産過剰の発生を示したと言えよう．過少消費が継続・拡大すれば，部分的，一時的な生産過剰が一般的生産過剰に発展することになる．

> 貯蓄は現存資本総量を増加させると同時に，今現在消費される有用品や便益品の数量を減少させる．この習慣の過度の作用は，必要とされる量以上に資本の蓄積を発生させ，この過剰が一般的生産過剰となって存在するであろう．(Hobson [1889] 1989, v)

貯蓄の増加は消費の減少であるが，資本量という観点から貯蓄を見れば，貯蓄の増加は資本総量を増加させ，生産量の増加を生み出すことは間違いないのであるから，ホブスンが実質的に加速度原理を認識していることは確かであろう[14]．だが，貯蓄の増加は現時点での消費を減少させるため，生産量の増大にともなう消費の増加は遅れるはずである．つまり，生産過剰は，消

---

13) ホブスンは，過少消費説がセー法則と同時に賃金基金説の批判になると考えていた．賃金基金説は「商品への需要は労働への需要ではない」のであるから，賃金が過去の貯蓄の一部である基金から支払われるということを意味している．つまり，過剰な貯蓄がすべて賃金基金に組み入れられるから，資本の供給と需要は常に一致するという考えである．

14) シュナイダーは資本量と生産の関係について，「マムマリーとホブスンが基本的な加速度原理の理論の先行的発見者に相当する」(Schneider 1996, 77) と言う．

費財とともに生産財にも波及するため，それぞれの財の増加に対応した消費の増大がなければ解消されないはずである．加えて，私有財産制度と競争的市場システムを前提にした自由放任的自由主義の下では，資本は富を生み出す生産要素であり，有用品・便益品を生産するため必要とされ，資本が原材料，中間生産物，最終生産物，機械等の具体的形態から構成されているため，過少消費説によれば，過少消費は実物面における過剰な消費財と資本財を生み出し続けていることになるのである．したがって，過少消費説は，消費できない実物としての消費財や生産財の増加を示していることになる．

ホブスンによれば，過少消費説は，「貯蓄の増加が個人とともに社会を豊かにする」あるいは「節約の美徳」が間違っていることを示しており，個人が自己の富や利益の増加を目的として貯蓄を増加させても，社会全体の富を増加させることにならないことを示している．また貯蓄の増加にともない生産量が増加しても，それに対応した消費の増加がなければ，生産過剰を一層拡大させるに過ぎないのである．ホブスンの批判は現代的に言えば，個人にとって良いことが，本人の意思に反して，社会に弊害をもたらすという「合成の誤謬」あるいは「貯蓄のパラドックス」と呼ばれる現象である[15]．

過少消費説によれば，生産物が消費量以上に存在していることは，消費されない生産物が存在することになる．つまり，ホブスンは，消費量を基準にして生産物を見ると同様に，貯蓄，資本そして所得にも社会全体として必要とされるものには限度がある[16]，と想定していた．とすれば，資本量，所得にも社会の必要に応じた限度があることになり，これらを無限に増加させても，社会的には役立たないものになる．

ホブスンはこの限度をより具体的に説明するため，資本を「実質的な資本（real capital）」と「名目的な資本（nominal capital）」という2つの形態に

---

15) ホブスンは貯蓄のパラドックスを具体的に，「個人の過度の貯蓄が社会を貧困にすると同時に，地代，利潤，利子そして賃金を低下させるという重要な結論に到達する．すなわち，個人の貯蓄が常に，そして必然的に社会を豊かにするという，自己の利益を追求することが社会の利益のためになるとする一般的に受け入れられた学説を否定する」(Hobson [1889] 1989, viii) と述べている．
16) この主張は過剰貯蓄がすべて賃金基金に吸収されているというミルの賃金基金説に対する批判になる．

分類する．前者は国民の生活水準の維持・向上のために必要とされる資本量であり，第2章の「レント論」での用語を用いれば，限界レント，差額レント，差額利益，生産的余剰に相当すると考えてよいであろう．後者は国民の生活水準の維持・向上に役立たない資本量であり，前者に強制レント，強制利益，不生産的余剰を加えたものに相当するものである．名目的な資本と実質的な資本が一致していれば，強制レント，強制利益，不生産的余剰が発生しないため，遊休設備や過剰供給は発生しないが，しかし，名目的な資本が実質的な資本を超過した場合，機械の操業時間の短縮，遊休設備の発生，有用品・便益品の生産過剰のいずれかが発生する．要するに，実質的な資本は実際に存在する機械，設備の維持や改良のために必要とされる実物的資本量であり，国民の生活水準の維持・向上に役立つものである．それとは対照的に，名目的な資本の増加は生産に役立たない実物的資本量の増加であるため，この増加は，消費財や生産財の生産過剰を招き，国民の生活水準を低下させることになる．

加えて，「実質的な」と「名目的な」という形容詞を貯蓄にもつけ，「実質的な貯蓄（real savings）」と「名目的な貯蓄（nominal savings）」という2種類に分類する．前者は実質的な資本と同様の役割を持つ実物的貯蓄量であり，後者は名目的な資本と同様の役割を持つ実物的貯蓄量である．

> 無限に増加される生産と最低限に維持される消費を考え，生産−消費＝貯蓄という公式にしたがえば，貯蓄に制限がないのは明白であるように思えるが，実質的な資本が用途を持っているのと同様に，実質的な貯蓄（real saving）も用途を持っている．生産と消費の差額が単に名目的な資本を提供すると仮定するならば，名目的な貯蓄（nominal saving）も実質的な貯蓄から区別されることになる．(Hobson [1889] 1989, 36)

ホブスンが過少消費説を検討するにあたって，「実質的な」＝実質と「名目的な」＝名目という用語を用いたことは，「生産面」から発生する本質的・実物的余剰を具体的に指摘するために必要なことであった．つまり，「分配面」から現実的・名目的・価格構成的に余剰の発生過程を示したレント論における限界レント，差額レント，差額利益，生産的余剰という国民の生活水準の

維持・向上に繋がるものと，強制レント，強制利益，不生産的余剰というそれらに役立たないものとの区別を，「生産面」から余剰の発生過程を示した過少消費説と対応させるため，こうした用語が必要になったのである．

実物面を重視する過少消費説での貯蓄，投資，資本の関係を見るならば，貯蓄は投資を通じてすぐに資本になる，とホブスンはみなしている[17]．したがって，社会的に必要とされる貯蓄以上の過剰貯蓄が存在する場合，過剰資本がすぐに発生し，過剰資本の存在が生産過剰を発生・拡大させ，結果として，一般的生産過剰が発生することになる．

ホブスンは，所得について「貨幣所得（money income）」と「実質所得（real income）」という区別を行っている（Hobson [1889] 1989, xvii）．前者は個人と社会に分け，個人については，その年に消費した金額を加えた，年初に所有していた貨幣価値以上の年末に所有している過剰な貨幣価値を言い，社会については，社会構成員の貨幣所得の総計を言う．後者も個人と社会に分け，個人については，貨幣収入により購入される社会の富の部分を言い，社会については，その年に消費された富の総計に資本の増加を加えたものを言う．特に実質所得は社会の富（資本）との関係が強調されている．つまり，社会の実質所得は実質的な資本量と密接に関連していると言える．

これらを踏まえて，過少消費説を「実質的な」と「名目的な」という形容詞から表現するなら，次のようになる．生産－貯蓄＝消費（あるいは所得＝消費＋貯蓄）より，消費は生産（所得）を決定し，消費されない部分の貯蓄はすぐに資本となる．社会の発展に応じて，社会的に必要とされる実質的な貯蓄と実質的な資本が決定されるが，それ以上に存在する貯蓄や資本は，社会の維持・向上に役立たない名目的な貯蓄と名目的な資本になる．先進工業諸国では，過少消費＝過剰貯蓄が常に発生しているから，名目的な貯蓄と名目的な資本が多数存在しており，生産過剰が発生する．生産物の生産過剰が解消されなければ，それが拡大して一般的生産過剰を発生させる．つまり，「経済的に現在の消費のため必要とされる以上の多量の資本が生産過程のさ

---

17) ホブスンの過少消費説が，過剰貯蓄説あるいは過剰投資説と呼ばれる理由は，貯蓄＝投資＝資本という想定にあった．

まざまなところに常に存在するならば，これらは生産過剰として現れる」(Hobson [1889] 1989, 54) という訳であるから，先進工業諸国は過少消費（過剰貯蓄）が常態になっている，とホブスンは言う．

クラインは，ホブスンの過少消費説について，「かの異端者J. A. ホブスンは確かに最も優れた過少消費論者の1人であって，マルサスの伝統を受け継いだ最初の1人であった．ホブスンが現実の経済秩序を容認できなかった主要な点は，所得の分配であった．ホブスンが述べたことには多くの真理が含まれており，彼が資本主義体制の最も基本的な欠陥として，所得分配の不平等を指摘したことはおそらく正しかった」(Klein [1952] 1956, 135：訳146) と説明していることから分かるように，ホブスンの過少消費説はマルサスの伝統を受け継ぐと同時に，「生産面」から不平等な分配の原因を解明しようとしていたと考えられよう．

1節ですでに述べたように，第2章のレント論との関係から言えば，レント論は「分配面」から余剰の発生過程を指摘しているのに対して，過少消費説は「生産面」から余剰の発生過程を指摘しているため，全く異なる理論体系であるように見えるであろう．しかし，ホブスンがミルの『経済学原理』(Mill [1848] 1923) の生産，分配，交換という3分法に基づいて経済理論を打ち立てていたとするならば，ホブスンのレント論と過少消費説の関係は，過少消費説は経済現象を生産面から実物的に検討し，レント論は分配・交換面から価格構成的に検討しているに過ぎず，両理論は密接に関連していると言えるのであろう．つまり，「レント論」はより一般的現象を対象とし，「過少消費説」は実物的な面を強調していると理解することは可能である．とすれば，両理論とも余剰の発生を検討した理論であることは確かであり，2つの理論がともに不平等な分配の結果，余剰が発生していると主張できるのは当然のことなのである．

3. 過少消費説と失業

生産面における実物的余剰の発生に着目した過少消費説は，失業の発生とその解消策を示すことができるはずである．解消策は第4章で具体的に示す

から，ここでは過少消費説と失業の関係を検討しよう．

　失業の原因は過少消費に他ならないから，消費の水準を上昇させることが失業救済策になる，と失業の原因とその解消策を示している．つまり，失業を特定し，失業を解消するためには，過少消費を解消しなければならない，とホブスンは言うのである．言い換えれば，「財の過剰供給が収まれば，過剰投資や過剰貯蓄が価格を引き下げるという捌け口がなくなるため，生産が縮小され，その結果，失業が現れる」(Hobson [1896] 1992, 83) が，失業の原因である過少消費（過剰貯蓄）が解消された場合には，失業が解消される．要するに，過少消費を解消することが失業を解消するのである．

　これは同時に発生する労働における失業，土地そして資本における遊休問題について唯一の理論的根拠の説明である．過少消費が失業の経済的原因である．したがって災厄の根源を解消する唯一の救済手段は，将来，より大きな消費増加をもたらすものに貯蓄を割り当て，生産力の水準に見合うだけ消費水準を上昇させることである．(Hobson [1896] 1992, 98)

　とすれば，失業が過少消費説から説明されなかったのはなぜだろう．2節で述べたように，「公表されたさまざまな著書での誤った考え方の本質は，消費と貯蓄の相違を認めなかったことにある．前者は，消費できるものを作らせる原因となり，後者は，実際に資本形態が具体化されている限り，消費できないものを作らせる原因となる」(Hobson [1896] 1992, 81) から，失業の本質を理解するためには，過少消費説の前提である消費と貯蓄を明確に区別し，過少消費（過剰貯蓄）が果たす役割を認識・理解することが大切である，とホブスンは言う．加えて，ホブスンは，「失業は現代産業社会の研究者が直面するおそらく最も紛らわしい用語である」(Hobson [1896] 1992, 1) と指摘した上で，「失業は社会の富の生産に用いられることのない人間労働力の総量を意味しており，現在の状況では，それは余分なもの，浪費と位置付けられるであろう」(Hobson [1896] 1992, 9-10) と述べているように，失業は社会的な浪費と同一であるとも言う．つまり，失業は，高額所得者がそれに見合った支出をしていないことから発生する余剰の存在，すなわちレント論や過少消費説で検討した余剰が原因になっている．とすれば，これらの

余剰のうち,失業に直接関連するのが「生産面」から発生する余剰(名目的な貯蓄,名目的な資本,貨幣所得)であるから,それを究明した過少消費説が失業の原因を特定できるのは,当然のことと言わざるを得ない.

同様に,「新たな貯蓄のすべてが利益を求めて動くため,社会的に有用な手段として利用できないのが事実である.この過剰貯蓄により,多くの新たな貯蓄は新たな投資分野を探す代わりに,銀行家や他の人々の手中に蓄積される」(Hobson [1896] 1992, 77) 訳であるから,失業の原因は,貯蓄が社会的に有用な手段に利用される以上に,常に存在する過剰貯蓄(過少消費)にある.また「社会のさまざまな階級に資本価値を正確に割り当てる手段がないため,富裕層の慣習的で,贅沢な欲求が満たされたとしても,余剰の大部分は富裕層の手元に残る」(Hobson [1896] 1992, 89) から,過剰貯蓄はごく限られた階級の人々が獲得することになる.要するに,利益を求める階級が最大の利益を得るため,貯蓄を自分の手中に置くか,銀行に預けてしまうことが過少消費の原因になると言うのである.加えて,「生産の結果から利潤,利子,地代を受け取る人々は,膨大な量の綿布や綿製品,石炭,金属製品,陶器等を消費する力を持つが,彼らは商品の比較的少量を消費しようという欲求を持つに過ぎない」(Hobson [1896] 1992, 73) ため,労働者の雇用に当然向けられなければならない部分が消費されず,不生産的余剰を増大させる結果になっている.生産財や消費財の購入に向けられるべき消費の増加分が,特定の階級に余剰として保有されているため,生産過剰が発生していると言うのである.

過少消費説と失業の関連について言及するにあたって,「産業における失業の弊害の本質と規模を,より理解するためには,個人的状況を無視し,社会的観点から見た失業と労働力の浪費の関連を検討しなければならない」(Hobson [1896] 1992, 1-2) のであるから,失業を社会的な問題として取り上げ,また失業と浪費の関係を詳細に検討すべきだ,とホブスンは言う.つまり,失業を個人的な問題として取り上げてきたこれまでの理論を放棄しなければ,失業の本質を理解できないと主張するのである[18].もしそうであるならば,「消費欲求が生産の背後にある原動力であると認めたとしても,生産過剰による浪費を防ぐようには作用しない」(Hobson [1896] 1992, 74) ため,

失業とともに浪費も過少消費を解消しない限り，存在し続けることになる．

失業は，個人的問題として対処するのではなく，社会という観点から見直し，その原因を根本的に再吟味・再検討する必要がある．また浪費も過少消費から発生するものと考えなくてはならない．失業を個人的問題として捉えることができるのは，「確認できる範囲では，個人的要因は失業の原因というより，むしろ誰が失業するかを決定するものである」(Hobson [1896] 1992, 46) 場合だけのことであって，これは社会全体の失業問題ではない．

しかし，なぜ失業を個人的問題として取り扱おうとしてきたのであろうか．「個人主義的道徳家は，無差別な施しを貧困に注ぐことにより，数多くの苦境を救えるという教義が誤った想定に基づいていることに気付いたとしても，彼が批判したものと，失業の誤った推論との関係に気付いていない」(Hobson [1896] 1992, 46) とホブスンが述べているように，貧困対策と失業対策が全く異なる対策であるため，失業対策に個人主義的な貧困対策を適用しても無駄であると言うのである．貧困に対する無差別な「施し」という個人主義的な処方箋では，失業という社会問題を根本的に解決することにならないから，過少消費説つまり本質的・実物的見地から消費の増加あるいは貯蓄の減少をもたらすような失業対策が必要である，と主張する．

ところで，過少消費説では，生産過程から発生する余剰が失業の原因になるが，先に述べたように，余剰は分配・交換過程からも発生する．「分配での浪費の大部分は，未利用の資本や労働力が存在していることを説明できないため，分配システムそのものにその解決を求めなければならない．失業問題の科学的処理法では，浪費の存在が社会的疾病の最も重要な部分になる」(Hobson [1896] 1992, 72) と主張するように，過少消費の解消のためには分配システムを健全に維持することが不可欠になる[19]．これが維持されれば，失業は解消することになるのだが，「製造業と流通業では，競争の効果が幾分か異なっている．前者は，比較的わずかであるが現実の製造品の過剰供給として現れ，多くの労働力や資本の利用を抑制する結果，生産過剰は未利用

---

18)「思慮深い研究者は，なぜ人が失業するかについて十分な根拠を特定しようとした結果，失業が個人的な原因によるという結論に達した．無論，そのような結論は完全に誤っている」(Hobson [1896] 1992, 45-46) のは，当然のことであるとホブスンは言う．

の労働力や資本の形で浪費が示される．後者では，そうした本来の抑制が現れない」(Hobson [1896] 1992, 70-71) ため，業種によって相違があるものの，依然として社会問題としての失業は存在することになる．

失業は過剰貯蓄（過少消費）が原因であるとしても，個別の貯蓄者の観点から，社会全体の過剰貯蓄が発生する原因を検討すれば，「個別の貯蓄者は一般的消費水準を上昇させようと考えている訳ではなく，彼は資本の収益が上がる投資先を求めているに過ぎない」(Hobson [1896] 1992, 78) のであって，貯蓄の増加は個人の利益を求める行動に基づいており，社会全体の維持・向上という目的と一致する保証はない．すなわち，過剰貯蓄が発生する原因は「合成の誤謬」あるいは「貯蓄のパラドックス」で説明できる現象である．貯蓄から利益を得ようとする個々人の行動が，結果的には，社会を衰退させ，失業者を増やすことになるのである．したがって，「現状での主要な見方の1つとして，この事態は失業という弊害を持った過剰貯蓄を発生させ，いずれ過剰状態や産業停滞を発生させることになる」(Hobson [1896] 1992, 79) から，ホブスンは失業の発生を過少消費説から再度証明することになる．つまり，「個人が社会的に必要とされる以上の資本形態を作り出した理由は，彼らが努力によって得られる所得以上の所得を持っていても，それは現在の欲求を満たすものではないからである．生産と消費を人為的に分離しようとしても，努力と満足，それに対応した生産と消費の関連が社会経済に大いに影響力を発揮する」(Hobson [1896] 1992, 88) ため，過少消費は「合成の誤謬」あるいは「貯蓄のパラドックス」をもたらすだけである．この状態においては失業を解消することは難しい，とホブスンは言う．

---

19) ホブスンは健全な分配システムを維持するためには，「経済的不均衡による浪費が，産業上のさまざまな面で，現存する個人のさまざまな生産力に過度ないし不完全に適応する限り，最善の改革は，産業上の自由競争をより完全に確立させることと考えられる」(Hobson [1894a] 1928, 403) と主張しており，さらに，「自由な流通可能性，資本や労働の移動性，十分なそして幅広い産業情報の普及を妨げるさまざまな障害を完全に除去することは，自由貿易という個人主義的理想を獲得するため必要なことである．産業計画の透明性，労働や資本の流動性は，非難できないほど，経済的で効率的な利用を富の生産にもたらす」(Hobson [1894a] 1928, 352) と述べていることから分かるように，不生産的余剰を発生させないためには，悪分配を排除しなければならないと言う．

過少消費説に基づく失業対策としては,「失業の唯一の救済方法が全般的な社会・経済改革にあることが理解できよう.手中にある自分の努力の報酬として得た社会の消費力を,より多くの割合を手元に置こうとする人々は,より高く健全な消費水準を築くのに報酬を使うことを学ぶであろう.」(Hobson [1891a] 1971, 148) と述べているように,消費水準を高めるための社会・経済政策を実施することこそが最重要課題である[20],と主張しているのである.

　私の論旨は単純にこれである.新資本の大きな部分は,現在の利用を将来へ延ばす苦しい節制に基づく貯蓄を表しているのではなく,健全で必要なすべてが満たされた後に残った余剰の自動的な蓄積を意味しているに過ぎない.個人の努力による生産量と全く不釣り合いな消費力を生む所得がある場合,合法的な勤労所得から行われる無理のない貯蓄とそれ以外の貯蓄の違いが明らかになる.この貯蓄は,消費力と生産力の均衡を崩しており,社会的観点から過剰貯蓄とみなされる.過度に獲得した所得から貯蓄が発生する場合には,文字通り資本の要求より多くなるため,過剰貯蓄となり,正当な消費の一部が放棄される.しかし,土地の経済レント,投機による利益や独占による高利子から得られる高額所得の大部分が貯蓄になったとしても,貯蓄量を決める限度を設定することはできない.(Hobson [1896] 1992, 91)

　理論的に,失業の原因が過剰貯蓄（過少消費）であると特定できるから,私有財産制度や競争的市場システムを基本とした社会では,過剰貯蓄は「実質的な」貯蓄以上に「名目的な」貯蓄が存在することになる.要するに,個人の貯蓄が多くなるのにしたがい「合成の誤謬」あるいは「貯蓄のパラドックス」を発生させる結果,失業が発生することになる.ホブスンはこうした経路で過少消費説と失業の関係を定式化したのである.つまり,過少消費説

---

20) ホブスンは,資本主義体制においては,各種の制約を取り除いた競争が必要とされるため,「社会に純経済的利益を与えない競争社会では,より古い資本形態の価値の破壊を考慮することなく,貯蓄が新資本形態で提供されることは個人にとって利益となる」(Hobson [1896] 1992, 86) と言うのである.

と同様にレント論が余剰を分析しているという観点に立てば，実物的観点からでなく，より一般的な価格構成的な観点から余剰を分析している「レント論」によっても失業の原因を究明できると言えよう．要するに，失業は「レント論」から究明できることになる．

4．過少消費説と帝国主義

次に過少消費説と帝国主義の関係については，『帝国主義論』（Hobson [1902] 1938）を典拠としてその関連を検討してみよう[21]．

ホブスンは，独自に定義した帝国主義を新帝国主義と呼ぶ．新帝国主義と帝国主義の相違は，新帝国主義を推進する国家はすべて先進工業諸国であり，帝国主義を発生させる原因は過剰貯蓄であるという2点にある[22]．つまり，「帝国主義は，第1に，拡大する唯一の国家の代わりに，多くの国家が同じ政治的誇示や商業利益という強い欲望に動かされて競争していることを示す理論と実践であり，第2に，重商主義的利益の代わりに金融，投資上の利益が支配している点で，旧来のものとは異なっている」(Hobson [1902] 1938, 304：訳（下）234）訳であるから，先進工業諸国に必ず発生する現象であり，それを推し進める原動力が金融業者等のごく限られた階級の利益追求に基づいていると言うのである．

「利他的に文明化しようとする使命，誇り，名声，好戦的傾向などの強力な動機が帝国主義的拡大の原因と考えられるが，最も主要な直接的動機は，それぞれの帝国主義的体制での，輸出業者や金融業者による市場獲得や有利

---

21) 『帝国主義論』の訳者，矢内原は，ホブスンの帝国主義分析が持つ意義について，2点から評価している．評価の第1は，帝国主義という複合的現象の分析手法として，経済学だけでなく，政治学等の他の分野を含めて対応したことである．こうした分析手法を用いることにより，帝国主義が持つ不経済的要因の分析を可能にし，帝国主義の全貌を解明できたと主張する．第2は，帝国主義発生のメカニズムの解明とその解消のための手段を提供したことである．所得再分配等の社会改良政策の実施により，帝国主義の原動力としての過剰貯蓄が解消され，国民の生活水準の向上がもたらされる．『帝国主義論』全体の評価は無論のこと，ホブスンの経済思想史上における『帝国主義論』の位置付けという観点からすれば，矢内原の評価の第1が注目に値する(Hobson [1902] 1938：訳（上）訳者序 3-5)．

な投資に対する要求であるということになる．この経済的要求の強要は，機械と動力という新しい資本主義的技術の下で，国内の消費率を超える生産率，すなわち国内市場の有効需要を超える工業生産力の増加にある」(Hobson [1902] 1938, v-vi：訳（上）11-12) とホブスンが述べているように，帝国主義の原因は国内の余剰生産物や余剰資金の捌け口として海外市場へ進出することに他ならないのである．つまり，ホブスンが定義した帝国主義の目的は，国内で発生する各種の余剰や生産過剰がその原因であることを明示するとともに，それを解消する手段を案出することである．

これらの現象の根底にある問題は，明らかに次のようなものである．社会の消費力が自動的に社会の生産力と歩調を合わせないのはなぜか．過少消費や過剰貯蓄が発生するのはなぜか．生産の管理と深く関わっている消費力が一部保留，言い換えれば投資のために貯蓄され，蓄積されているからである．投資のための貯蓄がすべて生産を弱めている訳ではない．むしろ逆である．社会的観点から見れば，商品生産を促進するのに利用される物的形態の資本が生産されるなら，貯蓄は経済的に正当化される．その数量

---

22) ホブスンの帝国主義の定義に対して，J. A. シュンペーターは，帝国主義とは国家の際限ない拡張を強行する活動であり，典型的な帝国主義を，はっきりとした限度もなしに征服しようとする意思，あるいは統治できないことが判りきっている土地を略取する意思であると定義する (Schumpeter 1951)．帝国主義は資本主義発生以前から存在しており，資本主義以前の帝国主義が真の帝国主義であるため，帝国主義が資本主義の発展段階と密接に関連していないから，資本主義が必然的に帝国主義を発生することはないとして，資本主義下では帝国主義的衝動が育ちにくいため，帝国主義を助長する傾向がないと結論付ける．シュンペーターの帝国主義論については，賀村 (1990) を参照のこと．またレーニンは帝国主義が資本主義の発展と直接関係しており，資本主義の独占段階において発生すると定義している．帝国主義の基本的性質は，独占による生産と資本の集積，銀行資本と産業資本の融合，資本輸出が重要性を持つこと，国際的な資本家による独占団体の形成，そして主要資本主義国による領土分割の終了という5つである (Lenin [1917] 1996)．ホブスンは，「これは，国家統治の権力を奪い，金融的利益が国内の奢侈を維持するため，経済的供給源として外国の統一体から富を取り出すという帝国的膨張を促進する社会的寄生過程について歴史が示している最も詳細で，明白な例である．帝国主義は，この古い前例と本質的には変わらない」(Hobson [1902] 1938, 367：訳（下）307) と新帝国主義と古い帝国主義が根本的には同じであると言う．ホブスンは独自に定義した帝国主義を新帝国主義と呼ぶが，一般的に帝国主義と呼ばれているため，以後帝国主義と一括して呼ぶことにする．

を超える貯蓄は，利用されないままか，現存する資本を利用から追い出すか，政府の保護の下で海外への投機的な投資を求めるという当面の消費の促進に役立たない余剰資本の形態になる．(Hobson [1902] 1938, 82：訳 (上) 138)

要するに，国内の余剰（過剰貯蓄）や生産過剰の捌け口を海外へ求める先進工業諸国の政府間の競争が，帝国主義の本質なのである．したがって，「帝国主義とは，国内で販売や消費ができない財や資本を減少させるため，外国市場や外国投資を求めることによって余分な富を流出させる捌け口を広げようとする産業の大管理者の争いであるという結論に達する」(Hobson [1902] 1938, 85：訳 (上) 141) ことは当然のことである．先進工業諸国で生産過剰や過剰消費（過剰貯蓄）あるいは余剰が発生する原因については，すでにホブスンは独自の過少消費説によって解明しているため，同じ過少消費説から帝国主義を分析することができる[23]．

とすれば，ホブスンが余剰の発生を「生産面」（過少消費説）や「分配面」（レント論）から解明していることから，帝国主義の原因は過少消費説だけではなく，レント論からも究明できることになる．余剰の発生を究明した過少消費説やレント論と帝国主義の関連について，「この議論は，通常時や，国内市場の周期的不況時に，新資本から得られる利益を求めるため，海外市場へ駆り立てる恒常的な推進力が国民所得の大きな割合を貯蓄しようとする慢性的傾向から発生していることを表している．これは個別の貯蓄者の愚かさによるものではなく，労働階級に非常に少ない分配しか与えられず，大部分が雇用者や所有者階級に分配されているために起こる．過剰貯蓄は後者が原因になっている」(Hobson [1902] 1938, vii：訳 (上) 13-14) と主張してい

---

[23] ホブスンは，「この過程は，表面的観察では不可避であるように見える．いたるところで，過剰生産力，投資を求める過剰資本が見うけられる．自国の生産力増加が消費力増加を超過しており，より多くの財が利潤を得て販売される以上に生産されており，さらに有利な投資を見つけ出す以上に多くの資本が存在していることを，すべての企業家が認めている」(Hobson [1902] 1938, 81：訳 (上) 136) と主張しているように，現実の資本主義を見れば，過少消費説を帝国主義の原因とすることに何ら問題がないと言う．

るように，両者が帝国主義分析に密接に関連していると言う．

> 産業発展のための必然的な捌け口として，帝国主義的拡張の必然性に関する論理上の誤りは今や明白になった．それは投資の新市場や分野の開発を求める産業発展ではなく，国内で商品や資本の吸収を妨げる消費力の悪分配である．帝国主義の経済的原因である過剰貯蓄は，分析により，精神的，肉体的労働で得られるものではないため正当な存在理由を持たないレント，独占利潤，不労所得や超過所得部分から成り立っていることが分かる．それらは生産における努力の成果と本来の関係を持たないため，その受領者に対応する消費を強いることがない．それらは生産と消費の正常な経済に適切な位置を持たないから，過剰貯蓄として蓄積され，余剰な富を作る．所有者から所得の過剰分を転用し，それを高賃金の形で労働者に還元させる，あるいは租税という形で社会に還元させるという政治経済力の形勢を変化させるならば，消費を増加させるのに役立つように，それは貯蓄される代わりに使われることになる．外国市場や外国投資の拡大のために戦争をする必要がなくなる．(Hobson [1902] 1938, 85-86：訳（下）142)

帝国主義発生の国内的原因を「レント論」から見れば，自由放任的自由主義の競争的市場システムにおいては強制レント＝強制利益＝不生産的余剰＝不労所得が発生し，消費力の分配が不適正に行われるということになる．つまり，ホブスンは帝国主義の解明には，過少消費説（生産面）だけでなく，レント論（分配面）からの分析も重要であると主張していることになる．

しかし，なぜホブスンは帝国主義の主要な原因に経済的要因を挙げたのであろうか[24]．「歴史的観点から，その根本的な原因が帝国主義にともない発生するから，私は経済的衝動を前面に押し出した」(Hobson [1902] 1938, 228：訳（下）142) と主張しているように，経済発展とともに発生する余剰の捌け口が帝国主義である限り，経済的要因を重視しなければならないからである．

---

24) ホブスンの『帝国主義論』は，「帝国主義の政治学」という章立てで，全体の3分の2以上にわたって経済学以外の政治学，倫理学，社会学等の学問，すなわち社会科学全体から帝国主義を分析している．経済的分析は全体のわずか3分の1に過ぎないが，経済的分析は帝国主義の真の姿とその原因を的確に示していると言える．

とすれば，帝国主義の発生・拡大を正当化するものには，どのようなものがあるのだろうか．帝国主義が特定の階級の利益を擁護するため，政治的要因をうまく利用することは確かである．加えて，国民に帝国主義の正当化を主張する必要があるため，政党，新聞，教会や学校を通じて帝国主義思想を普及させ，人間の闘争本能を刺激するような世論の形成を行う．一方では，国民の愛国心が利用され，他方では，生物学，社会学，経済学，歴史学，社会倫理学等の学問が帝国主義を擁護するために利用され，帝国主義の拡大を正当化するとホブスンは主張する．

　政党，新聞，教会，学校を通じて作用する帝国主義の産業的，金融的勢力は，戦闘，支配，獲得という根源的な欲望の誤った正当化により，世論と公的政策を形成する．この欲望は平和な産業秩序の時代を生き延び，帝国的侵略，拡大，劣等民族への強制的搾取のため再び，その刺激が必要となった．われわれアングロ・サクソンが土地を取り上げ，劣等民族の労働で生活するため，生物学や社会学は，これらの実務的政治家のために，彼らを征服するための人種間における戦闘に無意味で，便利な理論を組み立てる．一方，経済学は，彼らを征服，支配することが国民間の分業という行為であることを示すことによってこの議論を支持し，歴史学は，過去の帝国の教訓が適用できないかという理由を提出する．他方，社会倫理学は，帝国主義の動機を子供のような民族を教育，向上させる重責を支える願望と記述する．このように，教養あるあるいは幾分か教養ある階級は，帝国主義の知的，道徳的威厳を教えられる．一般大衆には，英雄崇拝，扇情的な栄誉，冒険心やスポーツ精神に対するより粗雑な訴えを行う．すなわち歴史学は，闘争本能を直接刺激するため，低俗で派手な色彩によって事実を誤った形で伝えた．しかし，巧妙で不正で低俗な，また粗野で華々しい，さまざまな手法がとられたとしても，その活動は，文明化した人間性に潜んでいる，人間を支配しようとする扇情的で，粗野な欲望を解き放つことになる．物的利益をもたらす政策の遂行は，イギリス連邦の所有権を奪い取るという権利を少数者に与えることになるからである．（Hobson［1902］1938, 221-222：訳（下）134-135）

たとえ，帝国主義的拡大の正当性が，さまざまな学問によって支持されたとしても，帝国主義は特定の階級の利益だけを守るシステムであるため[25]，国民の厚生や生活水準の向上に決して役立つものではない．つまり，帝国主義を正当化することは，特定の階級の利益を優先させるシステムであるということを覆い隠しているに過ぎないのである．

加えて，ホブスンは，美辞麗句で飾りつけた帝国主義的拡大を正当化する主張に対して，「帝国主義は国民全体にとって悪いことであったとしても，国民のある特定の階級や産業にとっては良いことであった．莫大な軍事支出，費用のかかる戦争，対外政策への多大なリスクと障害，イギリス国内の政治や社会改革の抑制により国民が多大な損害を受けたとしても，ある特定の産業や職業の当面の事業利益を増大させるのに役立っている」（Hobson [1902] 1938, 46：訳（上）96-97）と述べているように，帝国主義が特定の階級にとっては自己の利益を擁護するために必要なものであったとしても，国民全体の生活水準の向上を妨げ，国民を疲弊させるという負の効果が大きいと言うのである[26]．

ここで指摘した特定の階級とは具体的にどの階級を指すのだろうか．先に述べたように，この階級は余剰を得て，その余剰からさらなる利益を得る階級，すなわち投資に関わる階級である．要するに，「より重要な帝国主義の経済的要素は投資に関連した影響である．拡大する資本の世界主義は，最近の数世代の間に大きな経済的変化をもたらした．すべての先進工業諸国は，資本の大きな部分を外国や植民地という自国の政治的区域の範囲外へ投資し，この源泉から所得を取り出そうとしている」（Hobson [1902] 1938, 51：訳（上）103）．

しかし，実際には，特定の階級が主張するような帝国主義による経済的利益はほとんどない，とホブスンは言う．「第1に，イギリスの対外貿易は国内

---

25) ホブスンは，「愛国心，冒険心，軍事産業，政治的野心や慈善という不経済的要因が帝国主義的拡大で担っている役割を考慮しても，権力の非常に多くの役割を金融業者に担わせることは，歴史的に非常に狭隘な経済的認識と捉えているように思える．帝国主義の原動力が金融的なものでないことも事実である．むしろ，金融は帝国主義的組織の統治者であり，行動やその作用を指図，決定している」（Hobson [1902] 1938, 59：訳（上）111）と述べ，特定の階級とは金融業者であり，それが帝国主義を推進していると言うのである．

産業や交易に小さな影響を与えているに過ぎない．第2に，対外貿易のなかでは，イギリスの領地に対する対外貿易は，他の諸国のよりも少ない割合に過ぎない．第3に，イギリスの領地との貿易について，熱帯貿易，特に新熱帯領地との貿易は，受け入れる財の評価は最低であると同時に，量的にも少なく，最も劣悪であり，最も変動しやすいものである」(Hobson [1902] 1938, 39-40：訳（上）89) という3点を指摘して，ホブスンは帝国主義の存続や帝国主義的拡大が何の根拠も持っていないことを糾弾する．だが，特定の階級にとっては，「これらの富，経営活動の規模，世界的な組織が帝国主義的政策の主要な決定要素になる．彼らは，帝国主義的事業に明確な利害関係や国家政策に自分たちの意図を反映させるさまざまな手段を持っている」(Hobson [1902] 1938, 59：訳（上）111) から，経済的側面からだけでは，帝国主義を解消するのは難しい．すでに指摘したように，帝国主義を分析・解消するためには，生物学，社会学，経済学，歴史学，社会倫理学を総合した，ホブスンの言う社会学がこれに対処しなければならないのである．

したがって，「過少消費説」や「レント論」を根拠にして帝国主義発生の原因が余剰であると解明できたとしても，帝国主義は複合的に擁護されているから，複合的な解消策が必要になる．帝国主義解消のための複合的対応策

26）ホブスンは，「すべての先進工業諸国では，富の生産や分配の支配的制度は，その生産力が分配の不平等に支配される段階に達している，ということが私の主張である．すなわち，利潤，レントそして他の余剰へ向かう過大な取り分が消費財の購入という捌け口なしに生産力の増加を推し進めているという意味で，過剰貯蓄の衝動は，製造工場や他の資本の基になる貯蓄が利益を生む用途がないことに気付いて，徐々に抑制される．しかし，政治力を利用して，海外市場に捌け口を求めて，外国の独立した市場が閉鎖・制限されたとき，植民地，保護領さらに他の地域を帝国主義的な開発により獲得しようとする衝動は最も緊急で，意識的な国家政策になる．この推論が正しければ，資本主義は，新しい生産力を可能な限り利用することによってその性質を維持するため，さまざまな方法で国家の援助を求める．たとえば関税，通商停止，補助金，そして植民地の獲得や保有である．国内の資本家は帝国主義的支配によって得られる金融取引の安全性，輸出入のいずれからも利益を得る」(Hobson [1902] 1938, xii-xiii：訳（上）19-20) と述べていることから明らかなように，レント論と過少消費説が密接に繋がっているため，過少消費説はレント論からも示すことができると言う．加えて帝国主義がその脆弱な基盤を確固たるものにするためには，国家の財政・外交・軍事面での援助を必要とするから，国民の大きな負担によってしか成り立たないシステムであると言うのである．

を立案・実施するには，その主体が国家となる訳である．国家は司法・立法・行政機能を持っているため，複合的な対応策を実施する主体になり得るのである．要するに，余剰や経済的弊害を解消するためには，労働条件の改善，所得の増加，市場の規制を含めた産業政策，対外政策，社会・経済政策を複合的に立案・実施する主体が国家であるから，帝国主義をはじめとする経済的・社会的弊害の改革を実施する主体もまた国家以外には存在しない，ということである．

　過剰生産力の危険から逃れるさまざまな試みについてのこの分析は，3つの項目に分類される．第1は，高い賃金，より短い時間，その他の労働・生活条件の改善により，組織労働者の貨幣・実質所得をより平等で，公平に分配することを目指すという国家の政策である．第2は，すでに述べたように，望ましいときに，割当制や関税による市場の制限を行うことに加え，国内，国際産業を問わず大企業への厳格な金融管理や生産量の制限を行うという産業政策である．これには，市場の調整，緊急時の割当制や関税に加えて，厳格な金融統制が含まれている．当面の帝国主義という問題に関連する第3の方法は，対外経済政策により獲得した海外市場，領域植民地，保護領に対する特恵的貿易や他の押し付けがましい優先的な利用を確保するための国家による金融的・外交的・軍事的援助になる資本を結合，分離する行動である．短期的・長期的に，帝国主義的国家の国民は，金銭的にも，生命においても非常に高価な政策が押し進められることにより，その被害者になるということは事実である．(Hobson [1902] 1938, xix-xx：訳（上）27-28)

　帝国主義が過少消費から発生していることを確認できたとしても，それが政治的動機を含めてさまざまな思案から発生していることを再認識しなければならない．つまり，帝国主義が発生している先進工業諸国を見れば，それを推し進めている経済的原因が背後に隠れ，代わりに政治的要因が前面に出てきているとも言える訳であるから，特に政治権力が帝国主義の維持・拡大を目的とする各種政策の拡大を図っていることを認識しなければならない．
　確かに，経済的側面から見れば，ホブスンは帝国主義の原因が余剰にある

ことを過少消費説，レント論から解明したという意味で，帝国主義の発生の理論的基礎には過少消費説，すなわちレント論がその背後にある[27]ということを前提にして，両者の密接な関係を主張している．過少消費説は，帝国主義の推進者が強力な権力を利用して余剰を発生させ，このシステムを維持・拡大した経緯を経済理論的に解明できた．しかし，ホブスンが帝国主義を社会病理学の現象と呼んだように，帝国主義は経済学を含めた複合的現象であるから，経済理論のみによる対応策では帝国主義を解消することが不可能であろう．これらを改善・解消するためには，国家という主体による複合的な対応策を用いることが不可欠なことである．当然のことながら，そこには経済的側面や政治的側面からのアプローチも必要である．言い換えるならば，全面的な社会改革は経済の役割（経済政策），政治の役割（政治改革）を含めて国家の役割を拡大するということ，ホブスン流に言えば，社会病理学の立場で構成され，遂行されなければならないということになろう．章を改めて，具体的に検討しよう．

---

27) ホブスンは Hobson（[1889] 1989, ch. II）において，過少消費説とレントと不労所得の関係を述べている．

第4章 社会改革の思想

　すでに検討してきたように，ホブスンは余剰の発生をレント論と過少消費説に基づいて説明していたが，レント論が価格構成的な立場から，また費用との関係からの理論立証であったのに対し，過少消費説が実物面からの分析であったということを考慮すれば，「レント論」が「過少消費説」に比べ，具体性・一般性を持っていることは確かであった[1]．つまり，余剰発生過程を具体的に捉えているのは，過少消費説よりもレント論なのである．その意味では，社会改革の思想の理論的基礎としては，過少消費説よりもレント論がふさわしいと考えられよう．したがって，社会改革の思想の理論的根拠は，レント論がその役割を担っていることになる．

　ホブスンはレント論を用いて，自由放任的自由主義に基づいた私有財産制度や競争的市場システムから発生する弊害を分析し[2]，弊害を改善・除去・解消するため，各種の制度改革を要求した．「社会改革の最も重要な政策は，公共教育組織の改善，老齢年金，都市や地方での土地・住宅問題の広範な改

---

1) 第2章ではホブスンのレント論が強制レント，強制利益，不生産的余剰を発生させ，社会的弊害をもたらすことを検証し，第3章では失業，帝国主義の原因が過少消費説にあり，その理論の背後にレント論があることを解明した．とすれば，レント論が社会改革を推し進めるための理論的基礎となっていることは間違いない．
2) ホブスンは社会改革の経済的側面について，「産業上のいたるところで見られる不均衡による浪費は，個人のさまざまな創造性が過度にあるいは不完全に利用されているため，産業上の自由競争をより完全なものにするという改革によって解消されると考える」(Hobson [1894a] 1928, 403) と指摘していることから分かるように，自由競争が妨げられていることから弊害が発生していると言うのである．クラークは，ホブスンの社会改革の思想が経済学的側面と極めて深く結び付いていると指摘している (Clarke [1978] 2007, ch. 7)．

善，酒類販売の公的規制，労働者の生活改善のための広範囲にわたる法律の制定等であり，そのためには中央政府や地方当局の租税による相当な公的支出を必要とする」(Hobson [1902] 1938, 141：訳（下）40) という具体的提言から分かるように，社会改革は広範囲にわたっており[3]，これを実現するためには，公的資金を利用しなければならないというのである．要するに，ホブスンの社会改革の思想は自由放任的自由主義制度の放棄を促すものだけには留まらず，広範囲な社会改革を実施する主体，すなわち国家が公的資金を利用するということである[4]．

なぜ，ホブスンはこのように広範囲な社会改革を求めるのであろうか．19世紀半ば以降，貧困と失業が社会問題化したため，国民の自由と平等が実現されなければ，問題を根本的に解決できないと考えたのであろう．しかし，国民が自由の成果を等しく獲得するような政策の実行については，古い自由主義の立場から，すなわち既得権を保持する特定の階級からの反発・妨害があった．「私が示唆した提言は，自分たちが得ている利益にとって有害であると信じる強力な政党や階級の，公然あるいは暗黙の反対に直面するため，社会改革は一連の選挙，立法，行政そして司法の過程を通して戦い進まなければならない」(Hobson 1909a, 5) のである．

---

3) ホブスンは，社会改革の範囲の広さを示すため，「社会政策の大きな問題は地価に対する課税，年金，失業救済，貴族院に関する内容をも含んでいる」(Hobson 1909a, 92) と述べているように，その範囲には経済政策以外に，政治改革も含まれると言うのである．これに対して古典派・新古典派経済学者が，「社会問題の最も直接的な道徳意義は富者と庶民の間の敵対感を助長する」(Hobson [1901a] 1996, 15) と主張し，さらに「社会問題として論争の本質的一貫性は，自己満足を認めるすべての活動が重要であるため，その領域外へ置くということである」(Hobson [1901a] 1996, 19) と述べていることから分かるように，社会改革の必要性を認めていない，とホブスンは彼らの姿勢を糾弾する．

4) ホブスンは，現在の国家の役割は前世代（自由放任的個人主義）の国家のそれとは全く異なったものであると考えている．「国家が個人，社会生活の新しい必要に応じて，経済的，道徳的環境を整備することにより，自己啓発や各種社会サービスを市民に提供しなければならないということが明らかになれば，前世代の自由主義と無関係になる．現在，他の先進工業諸国と同様に，イギリスにおいても，積極的で，建設的な経済的提案が要求されている」(Hobson 1909a, 3) という指摘から分かるように，国家が経済的，法律的，政治的に積極的な役割を担うことになる，すなわち国家が社会問題に対して積極的役割を持つことになると言うのである．

加えて，ホブスンは社会問題，特に失業と貧困の原因として苦汗（sweating）システムの存在をあげている．言い換えれば，苦汗システムが存在することから，社会改革の必要性が説かれているのである．「長時間労働が根本的な苦痛の原因であるから，低賃金が苦汗の本質であると認められるようになった」(Hobson [1891a] 1971, 65) とホブスンが具体的に指摘しているように，苦汗は長時間労働と低賃金という具体的実態で示すことができる．これが産業的疾病（社会問題）の原因になっていると言うのである．

苦汗の発生原因は未熟練労働者の増加，中小企業の増加，資本の無秩序さという3点に集約される (Hobson [1891a] 1971, 65)．より具体的には，労働の過剰供給，中小企業に各種法律を適用できないこと，資本家の道徳観の欠如である．労働の過剰供給は，田舎から都会への労働者の流入，外国人労働者の流入，新しい機械の導入，機械や教育の充実，田舎の製造業間の競争から発生している (Hobson [1891a] 1971, 91-93)．

とすれば，社会改革を実施することは，自由放任的自由主義の下でまだ実現されていない，未熟練労働者を含めた個人の自由と平等を確保することであるということは明らかであろう．その第一歩が，個人の機会均等を実現することである[5]．「確かに機会の範囲や内容が常に変化しても，個人が機会均等という自由を実現するためには，古くから制約されてきた自由主義の考え方も常に進歩しなければならない」(Hobson 1909a, 93) と述べているように，社会改革の思想の進展は，単に自由放任的自由主義の教義を放棄するものではなく，むしろ自由主義の「進歩」と捉えている．したがって自由と平等を実現するというように，自由主義思想の発展的継承に他ならない．

ホブスンが「より広く社会問題を示すにあたって，個人，階級，人種の相違を考えた考察が必要である」(Hobson [1901a] 1996, 5) と指摘するように，社会改革の思想自体が広範囲にわたっていることを強調する．社会改革の実

---

5) 機会均等が実現するならば，「自由な流通可能性，資本や労働の移動性，十分なそして幅広い産業情報の普及を妨げるさまざまな障害を完全に除去することは，自由貿易という個人主義的理想を獲得するため必要なことである．産業計画の透明性，労働や資本の流動性は，非難できないほど，経済的で効率的な利用を富の生産にもたらす」(Hobson [1894a] 1928, 352) ことになる，とホブスンは言う．

施が非常に困難な現状を踏まえ,社会問題解決のためには,それが何を目的とし,何を行うかを明らかにしなければならない,と次のように述べている.

少しでも人を納得させる社会問題の公式化は,ある種の新たな哲学を要求する.しかし,専門的な学者に委ねられた社会問題は,決して答えることができない.十分満足できる答えは問題の理論的解決法ではない.社会的行為の領域で行われなければならない.何がなされるべきかというだけではなく,何が行われているかもその解決に必要である.(Hobson [1901a] 1996, 3-4)

したがって,社会改革の思想とは何かと問うには,まず第1に,その経済的側面とは具体的に何であり,その処方箋はいかなるものであるかという経済政策の問題,第2に,その政治的側面とは具体的に何であり,その対処法はいかなるものであるかという政治改革の問題,第3に,社会改革の思想における国家の役割とは何かという問題を具体的に示さなければならない.したがって,本章では,これらの問題に対応して,1.「経済政策」,2.「政治改革」,3.「国家の役割 ── 新しい自由主義の展望 ──」という3節に分け,それぞれを明瞭に示すことにより,ホブスンの社会改革思想の全体像を再構成する.

1. 経済政策

ホブスンにとって,経済政策は社会改革を実施するための1つの手段である.すなわち余剰の発生を阻止し,あるいは発生した余剰を再分配することにより,国民の厚生や生活水準を向上させるというものである.つまり,「帝国主義は誤った分配の結果であり,社会改革はその救済策である.経済的意味で社会改革を見るならば,その第1の目的は,生産の最高水準に応じて国民の私的・公的消費水準を高めることである」(Hobson [1902] 1938, 88:訳(上)144-145)という主張である.

加えて,苦汗システムを解消することが経済政策の目的になる.「苦汗の救済法としての工場立法や労働組合についての研究は,未熟練労働の過剰供

給という悪弊の経済的本質を強調するのに役立つであろう」(Hobson [1891a] 1971, 133) とホブスンは言うのである．言い換えれば，苦汗システムは長時間労働・低賃金によって維持されていると同時に，過剰な労働供給が発生したことを示しているため，この状況を改善することが経済政策の目的である．とすれば，経済政策は労働時間を短縮し，賃金水準を向上させること，すなわち消費水準を上昇させることを目的としていることになる．ホブスンはこの主張を次のように要約している．

> 産業的悪弊に対する道徳的・教育的な救済方法の作用に対する検討は，これらの救済方法が貧民の間の生活水準を上昇させるため，最貧民階層の物的条件を改善した場合だけに機能することを示している．(Hobson [1891a] 1971, 181)

経済政策には，消費水準の向上とともに，公的サービスの提供が含まれるはずである．たとえば雇用を創出するための巨大な発電所や海峡トンネルの建設等の公共事業も，経済政策の一環として位置付けられるのであって，こうした公共事業の推進は，「必要とされる資本の最大の規模で労働者を雇用すると同時に，最小の私的利益が発生するように，公的権力としての地方自治体や国家が新規で，改善された公的サービスを提供しようという事業は，その状態の改善に最も適したものとなるであろう」(Hobson 1922, 81：訳 86)．しかし，公共事業の拡大による効果は一時的なものに過ぎず，長期的には私的企業が生産活動の範囲を狭め，生産量を減少させるという打撃を与えるはずである．だが，ホブスンは，長期的にも，この打撃よりも消費活動を促進する効果のほうが大きいとして，公共事業を主要な経済政策と位置付ける[6]．要するに，「将来，公共事業が全体的な生産性の向上に反作用を与えたとしても，その反作用はずっと先のことになる．そのため，労働者の購買力を増加させるという，商品への有効需要を増加させる直接的効果があるため，産業組織を混乱させる商品の過剰供給を取り除き，生産過程へ向かう原材料の流れを活性化させることができる」(Hobson 1922, 81-82：訳 86) と主張しているように，ホブスンは公共事業が短期的にも，長期的にも経済政策の目的に沿ったものであると言うのである．

ホブスンは，一方では，経済政策は労働者の賃金上昇（限界レント，差額レントの増加や差額利益の増加，さらに生産的余剰の増加）を促し，他方では，国家が余剰に課税し，その課税を原資とする公的資金を再分配する政策が有効であると言う．つまり，「富者の余剰所得が経済の停滞と閉塞を発生させているから，労働者の取り分を増加させるために，聡明な国家がその余剰を徴収し，それを他の目的へ転換し，余剰をなくせば，この経済的弊害は改善・解消される．このように達成された健全な分配は，経済組織を通じて，他の方法では達成できない社会の秩序と発展に加え，より完全で，より恒常的に生産活動を刺激することになろう」(Hobson 1922, 8-9：訳 5-6) と言うように，経済政策の目的は余剰の解消であり，それを実施する具体的手段を

---

6) ケインズも有効需要を増大する経済政策として，「非自発的失業が存在する場合には，労働の限界不効用は必然的に限界生産物の効用よりも小である．はるかに小であることは，確かにありうる．長く失業している人にとってある程度の労働は，負の効用があったとしても，それ以上の正の効用を持つことがあるからである．もしこのことが承認されるならば，この推論は，浪費的な公債支出でさえ，なぜ社会を富ませることができるかを明らかにする．古典派の諸原理を基礎とする政治家の教養がより良いことの実現を邪魔しているとしても，ピラミッドの建造も，地震も，戦争でさえ，富の増進に役立つのである」(Keynes [1936] 1973, 128-129：訳 127) と主張する．加えて，「大蔵省が古いいくつかの壺を銀行券で満たし，それを廃炭坑の適当な深さのところへ埋め，その後都会のがらくたで表面まで一杯にし，幾多の試練を経た自由放任の原理に基づいて，個人的企業にその銀行券をふたたび掘り出させることにすれば，もはや失業の存在する必要はなくなり，その反作用の助けによって，社会の実質所得は，ひいてはその資本や富も現実に存在するよりもはるかに大きくなるであろう．もちろん，家屋あるいはそれに類するものを建てることの方が賢明であろうが，そうすることによって，政治的ならびに実際的困難が発生したとしても，何もしないよりは良いのである」(Keynes [1936] 1973, 129：訳 128) と主張しているように，より浪費的な経済政策，すなわち極端な無駄遣いの経済政策でさえ是認する．しかし，ホブスンは，「年少者，老齢者，病人，弱者に行われている社会サービスは，個人の財産権より，むしろ直接的な社会的目的のための社会的財産の分配であり，人道的に利用することを考慮したものである，とみなされるべきである」(Hobson [1901a] 1996, 163) と述べ，人道的立場から，所得再分配による分配の不平等，経済的不平等を是正するための手段として経済政策を位置付ける．とすれば，両者の経済政策は異なった立場から主張されたものと言える．要するに，ケインズは一見ホブスンと同様の主張をしているように見えるが，ケインズの最終目的は投資の増加であり，ホブスンのそれは所得（消費支出）の増加であるという点に，両者の相違があるという訳である．この違いがホブスンの引用文に如実に表れている．

提起することであるとする．

ところで，経済政策で救済すべき失業と，過少消費説の関係はどのように捉えればよいのであろうか．「失業に影響を与える原因を考察した後，私は事実をより詳しく分析し，産業的弊害の直接的な経済的原因が過少消費であることを確定し，不景気の一面として失業を確認できると主張する」(Hobson [1896] 1992, viii) とホブスンが述べているように，失業は不況を示す1指標であるため，不況を解消することが失業を解消することになる．しかし，不況は余剰から発生するため，余剰を原資として経済政策を実施することが[7]，国民全体の痛みを伴わずに，国民の厚生や生活水準を向上させることができることになる．ホブスンは，国民に負担をかけることなく，経済政策を実施するための原資が，余剰への課税であると言うのである．

> 課税がどのような方法であろうとも，土地の経済レント，独占の高利潤そして他の個人所得の不労要素に賦課されなければならないという経済原則に沿ったものなら，累進課税を通じて得られる公的資産の充実は今までよりも速やかに，組織立って行われるように思われる．(Hobson [1896] 1992, 103)

要するに，国民の厚生や生活水準を向上させる手段である経済政策がその原資を得るため，余剰に各種の課税をしても，徴収した余剰を再分配して全体の所得を増加させ，すなわち消費水準を上昇させ，過剰供給を解消するな

---

[7] ホブスンは経済政策を実施する際の原資に余剰を位置付けたことについて，「経済レントや独占利潤と，それを生み出すのに協力した企業を維持するために必要な価値の上昇を区別することは，多くの場合は困難であり，また，不可能な場合もあるであろう．しかし，経済分析は，私有財産制度の本来の権利や私的利益追求のいずれによっても正当化されず，国民が公共目的用に受け取り，使うために必要な不労所得としての大きな資金が存在している事実を明らかにしている．これらの所得の不労要素は，それらを現在所有している人々の個人的努力に帰属させなくてもよい．それらは国民の生活を大きく改善するために必要なものである」(Hobson [1896] 1992, 101-102) と主張しているように，レント論がその根拠になっていることが分かる．加えて具体的な余剰の徴収について，「余剰が確かめられる限り，土地のレントや価値への直接税や累進課税は社会改革政策と調和している」(Hobson [1896] 1992, 102) から，新しい課税によって得られた部分が経済政策の原資となることについて，何の問題も発生しないとホブスンは主張する．

らば，それは経済原則にしたがったものであり[8]，新しい課税に対する異議は発生しない，とホブスンは主張している．「富者の手中にある消費力の余剰は，その所有者にとって，すべてが不労所得である．たとえば，都会の土地の価値上昇によって発生したものの一部は，公的な努力から得られたものであるから，健康的な国民生活を支援する公的消費のための財産になる」(Hobson [1896] 1992, 99) のであって，余剰に課税されない限り，余剰（＝不生産的余剰＝強制利益＝不労所得＝実質的な貯蓄を超えた名目的な貯蓄）が私的に利用され，社会問題としての失業や貧困が解消されないばかりか，国民の厚生や生活水準の向上が妨げられることになる．

ホブスンは課税のなかでも，蓄積した富や余剰を対象とする累進課税を主張する．「公的努力から発生した富が公的サービスに，賢明かつ経済的に使われたとしても，一般的には，市民や国民が必要とする生活に比べると，範囲が狭く，貧弱で，不効率で，薄っぺらなものとなっている．公的活動や国民の欲求に対応し，国民の生活を豊かにしようという公平さを備えた国家は，増大する財産価値に課税することにより，一般的消費水準を上昇させる，物的援助を選択する．蓄積した富に相続税や累進課税を適用することは，公正さと便宜性を兼ね備えているという認識に基づくものである．累進所得課税の目的は，富裕階級の過剰に蓄積された資本形態を増加させる所得の一部を公的に使用することである」(Hobson [1896] 1992, 102) ことから，累進課税が余剰を減少させるとともに，余剰の蓄積を防ぎ，さらに公的資産を確保するという面で非常に有効な手段になると言う．こうしてホブスンが主張した経済政策は，経済的正当性を持つことになるであろう．

ホブスンの経済政策は，非常に広範囲にわたるものであるが，ここでは失業，貧困という具体的事例を取り上げ，それへの対処法がいかなるものであったかを検討する．まず失業対策から始めよう．

---

8) ホブスンは，強制レント，強制利益，余剰（不生産的余剰や不労所得および不労利益）に課税すべきだと主張している (Hobson [1900] 1972, ch. X)．

1.1 失業対策

　ホブスンは，第3章で解明したように，失業が過少消費から発生した社会問題であると捉えている[9]．過少消費説（その背後にあるレント論）は失業の原因を解明できると同時に，労働という生産要素だけではなく他の生産要素も未利用状態のままである[10]ことを示しているということから，直接的・間接的に消費を減少させる社会的浪費が蔓延していると言うのである[11]．要するに，失業の存在は，社会が経済的不況の状態にあることを示している．しかし，なぜ失業は社会問題，経済的浪費なのであろうか．ホブスンは，「産業活動の有機体的組織体の概念やその意味が十分に理解されていないため，この点を強調することが必要である．貧困や失業問題の権威者が特殊な例に限定した調査だけを徹底的に，しかも科学的な論証の基礎としている理論は，人々を納得させる効果がある」（Hobson ［1896］1992, 48-49）と述べていることから分かるように，社会や経済が有機体的組織体であるという観点がない場合には[12]，最初に，失業や社会的浪費の相互関連の究明から始めな

---

9) ホブスンは，「失業は個人的欠陥のせいにされるが，その個人の多くが通常の好況期の期間，正規の労働に就いていたという事実から，道徳的・技術的不効率が失業の重要な原因であり，道徳的・技術的教育が直接，失業を予防したり，解消したりするのに役立つだろうと想定することは，正当化されない」（Hobson ［1896］1992, 47-48）と主張していることから分かるように，失業が個人的欠陥から発生するという見解を批判する．
10) ホブスンは，「社会的観点から，この失業問題に広範囲な調査を行うならば，対象を賃金労働者だけに限定すべきではない」（Hobson ［1896］1992, 29）と主張しているように，労働の未利用な状態を失業と呼ぶだけではなく，すべての生産要素にも未利用な状態が生じると言う．というのは，「商務省の報告書に含まれている労働委員会の処理と失業の原因分析のどちらにも失業問題の主要な事実について，あいまいな見解しか認められない．不況の期間には，労働，資本そして土地にも遊休が発生する」（Hobson ［1896］1992, 59）と述べていることから分かるように，実物的視点から見れば，失業は各種生産要素の未利用を示しているからである．
11) ホブスンは，「第1次産業への従事や製造業で雇用されている労働力の浪費と経済的失業は，全体として，排他的で最も組織化された市場から抽出された検証から，不十分にしか，示されていないと信じる十分な根拠がある」（Hobson ［1896］1992, 23-24）と述べていることから分かるように，失業と浪費を表裏一体の現象とみなしている．
12) ホブスンが社会を有機体的組織体として考えていることは，第5章で具体的に示す．

ければならないからであると言うのである．すなわち，失業や浪費は社会問題であり[13]，両者は密接に関連していることをホブスンは強調する．

加えて，失業は苦汗システムと密接に関連しているから，貧困等の他の社会問題とも深く関連しているはずである．つまり，失業は労働の未利用の状態であり，貧困は労働が未利用のまま放置されている状態であると考えられよう．ホブスンは，「しかし，これらの事例の十分な考察は，身体的，道徳的，産業的な能力のなさが，教育機会の提供やすべての人間がさまざまな形態で持っている労働力を，社会サービスに役立てられないという，社会の無秩序さと分離できないことを示している．健康的な貧困層は，産業・社会秩序という有機体的関係の全般的な問題と失業問題を全く無関係なものとみなすことはできない．失業や他の形態の原因となる要素が，貧困を社会の深部の沈殿物にしている．健康的な人々の貧困は，実際に浪費されている潜在的労働力を示している」(Hobson [1896] 1992, 31) 訳であるから，社会全体が有機体的組織体として機能している限り，失業と貧困も相互に関連していると言うのである[14]．要するに，貧困は潜在的労働力が未利用のまま，すなわち失業とも言える状態であるため，社会的浪費がその原因であると言える．

「われわれの苦汗の研究が主に手作業の労働に限定されたとしても，その弊害がより直接的にそして明らかに最も重要な物的生活に関係しているから，

---

13) ホブスンは浪費について，「この立場から，社会問題は人間的浪費をどのように取り扱うかという問題に本質的なまとまりを見出すことであろう」(Hobson [1901a] 1996, 7) と述べ，「労働や生活の浪費という言葉で示される社会問題の，主要な要因についての簡潔な調査は必要不可欠である」(Hobson [1901a] 1996, 8) ことを断言し，「最初に労働を調査することにより，失業として知られる産業的無秩序の蓄積のなかにある，最大で，最も明白な浪費に直面する」(Hobson [1901a] 1996, 8) ということから失業と浪費の関係を述べ，最後に「労働時間の不規則性や不均衡が労働力浪費の原因になっている」(Hobson [1901a] 1996, 9) と主張しているように，労働の不規則性や不均衡がその原因であると結論付けている．

14) 「確認できる範囲では，個人的要因は失業の原因というより，むしろ誰が失業するかを決定するものである．個人主義的な道徳家は，無差別な施しを貧困に注ぐことにより，数多くの苦境を救えるという教義が誤った想定に基づいていることに気付いたとしても，彼が批判したものと，失業の誤った推論との関係に気付いていない」(Hobson [1896] 1992, 46) とホブスンが主張することから分かるように，失業や貧困が社会問題として取り扱われていないことを批判する．

産業的疾病の本質が異なるということにはならない」(Hobson [1891a] 1971, 68) とホブスンが指摘するように，苦汗システムが失業を発生させる根本原因の1つとして数えられるのである．この指摘から，苦汗を発生させる中小企業者が，低賃金は失業の発生と一切関係ないとする主張を，ホブスンが批判することは当然のことである．つまり，「優位な地位を持っている雇い主は苦汗者に市場率という最低限の生存賃金を支払っているという口実によって自分たちを擁護している．苦汗に対する責任はまさしく彼らにある」(Hobson [1891a] 1971, 82-83). 低賃金は，「熟練労働者に対する需要はより多くなるが，未熟練労働者はその障壁を乗り越えられず，また競争もできない」(Hobson [1891a] 1971, 87) ことから発生するため，未熟練労働者の失業を大量に発生させ，結果的に，全体として失業者を急増させることになる．苦汗システムは大量の未熟練労働者の過剰供給を生み，未熟練労働者の大多数が失業者になるという構図を浮き彫りにしているのである[15]．

さて，失業の原因が「過少消費」や「苦汗システム」にあることを解明できたとしても，なぜ失業者数が変化するのであろうか．ホブスンは，失業者数の変化する原因が，市場の範囲，投機，流行や人々の嗜好の変化にあることを指摘している (Hobson [1896] 1992, 35-38). つまり，雇用量を変化させる原因は，生産物を提供できる市場の大きさ，投機の誤った予測，さらに流行や人々の嗜好の変化であり，それが生産活動に影響を与え，生産量を変化

---

15) ホブスンは，「労働の過剰供給として現れる失業に対処する方策を議論する際に，ある種の業種の性質から発生する変動による一時的な失業と，最も不効率な都市労働者の永続的な失業，あるいは不完全な雇用を区別することは，しばしば有用であることが分かる」(Hobson [1891a] 1971, 141) と述べ，また機械の導入と失業との関係についても，「機械を導入した最終的影響が労働需要を減少させないとしても，かなりの割合の労働者が，それらの産業のなかに雇用を見つけるように駆り立てられることは予測できる」(Hobson [1891a] 1971, 37) と指摘し，さらに「産業状態に影響がある，大変貧しい人々や正規の労働で一定水準の賃金を得ることのできない人々にとって，機械の影響力は考えられない．暴力的な景気変動や新しい機械の発明による手仕事の継続的な配置転換は，大量の失業者や不完全な雇用者が存在することを示している．彼らは最も絶望的な都市の貧民の最低の区域を形成し，そこから仕事に対して貪欲で，極貧に悩む競争者となる．彼らが競争に参加するため，正規労働者の最下層の賃金や生活水準を下落させ続ける，という影響が出る」(Hobson [1891a] 1971, 45) ことになると言うのである．

させるからである．この要因を安定させ，その変化のリスクに対応した生産活動を行うことが，雇用の変動（失業の発生）を未然に防ぐ手段であるが，自由主義制度の下での私有財産制度や競争的市場システムを前提とする限り，それを実現することははなはだ難しいと言わざるを得ない．

したがって，失業を解消するため，社会全体の消費力の増加が必要になる．ホブスンは，「個人の経済レントや独占利潤への所得課税を行うか，あるいは独占企業の職務を直接公的に肩代わりするかのいずれにせよ，公的なものへの移転は，社会の総消費を増大させる要因になると考えられる．労働者階級の努力による直接的な賃金引き上げ，あるいは余暇の増大が，社会的富の総量のなかの賃金部分を増大させることにより，消費の一般的水準を引き上げるため，同様の効果を発生させることができる」(Hobson [1896] 1992, 110-111) と述べているように，余剰への課税の強化とともに私的独占の廃止，再分配システムの構築や賃金の上昇が消費力の増加をもたらし，浪費を削減すると言う．つまり，レント論で言えば強制レント，強制利益，不生産的余剰，不労所得，さらに過少消費説で言えば実態を伴わない名目的な貯蓄に課税し，それを公的支出に利用することが，失業解消の手段になると言うのである．要するに，「最終的には，課税の直接的効果が一般的消費を増加させ，この増加がすべての生産要素の利用を増加させることになるからである」(Hobson [1896] 1992, 111) と主張するように，特に余剰への課税が失業を削減すると同時に，消費力を増加させると言う．

「仕事ができないのではなく，仕事をしたいのに失業しているという労働者の存在は，雇用の不十分さによるものであるから，雇用量を増加できないどのような方策も真の手助けにはならない．雇用量が社会の消費により決定し，変化するならば，雇用量を増加させる唯一の確かな方策は，社会の消費水準を増加させることしかない」(Hobson [1891a] 1971, 147) とホブスンが強調していることから分かるように，苦汗システムの改善により，消費力を増加することができる．しかし消費力の増加は賃金の上昇のみによってできるのであろうか．ホブスンはこの疑問に対して，社会・経済改革こそがその対策に他ならないと次のように答える．

この単純な原理が社会改革論者によってひとたび明らかにされたならば，失業の唯一の救済方法が全般的な社会・経済改革にあることが理解できよう．手中にある自分の努力の報酬として得た社会の消費力を，より多くの割合を手元に置こうとする人々は，より高く健全な消費水準を築くのに報酬を使うことを学ぶであろう．(Hobson [1891a] 1971, 148)

有効需要を増加するためには支出（消費）を増加しなければならない，とホブスンが提言しているように，失業対策の直接的目的は，消費水準を上昇させることであって，未利用な生産要素の有効活用を促すものではない[16]．失業対策の実施は，未利用な他の生産要素を利用するという効果を確かに持つと認めた上で，消費水準の上昇という直接的効果だけを俎上に載せるという主張である．公的支出が消費量を増加させれば，「商品の有効需要の増大という，生活をより高い水準に導く需要を刺激する限り，間接的に，労働者の知的，道徳的教育を向上させるすべての方策が，雇用の維持に役立つことは確かである」(Hobson [1896] 1992, 47) からである．要するに，余剰に課税して得た公的収入を，公共事業や所得の再分配という公的支出に向ける失業対策は，国民に過度の負担を求めることなく，有効需要，すなわち消費力を増加できることになる．

経済政策として，失業救済事業を実施する際に容認される経済的条件には，(1) 公的救済事業に雇われた労働による生産物は一般的な労働の生産物との競争に持ち込まない，(2) その事業で支払われる賃金は，一般の市場で同種の労働に支払われる賃金よりも若干低くなければならない，(3) 可能な限り，その仕事は救済される個人の環境や能力に適応させなければならない，という3つがある (Hobson [1896] 1992, 157)．これらの条件が満たされれば，失業救済事業は成功するとホブスンは言う．つまり，消費力を増大させる各

---

16) にもかかわらず，ホブスンは，「この一般的生産力の過剰は，第1次産業への従事，製造業での平均的失業や資本，労働の過少利用により，少しも適切に表現されていない．失業は浪費の唯一の形態である．他には仲介業，流通業であり，さらに流通業に使われている資本を社会的に無駄に使うことである」(Hobson [1896] 1992, 66) と述べているように，過少消費，無駄という過少利用を改善・解消することが社会的浪費を減少させると言う．

種の経済政策を実施することは，失業の解消を目指したものに他ならないというのである．

簡潔に言えば，ホブスンの失業対策は，レント論から導き出される「余剰」と過少消費説から導出される「余剰」をいかにして生活水準の向上，すなわち消費力の増加に転化するかということであった．生活水準や消費力の向上は過少消費による失業を解消するとともに，生産過剰を解消する手段なのである．だが，余剰を生活水準や消費力の向上に転化させるためには，国家による余剰への課税と，国家による失業救済の公的支出が必要になる．失業解消には国家の役割が重要になる，とホブスンが主張した理由はそこにあったと言えよう．

1.2 貧困対策

ホブスンは，感情，道徳，信念の変化と経済的革命によって近代的な生活が確立することにより，新たな貧困問題が発生したと認識し（Hobson 1909a, 160），その根本的原因が労働の浪費と不公正な機会の分配にあることを抽出した結果（Hobson 1909a, 162），貧困問題を歴史的経緯から捉えようとする．要するに，労働の浪費と不公正な機会の分配が原因になった貧困問題の分析はあくまでも理論的なものであるため，より具体的「対策」を追求するには，歴史的経緯のなかで発想すべきである，とホブスンは主張したことになろう．

ホブスンは，貧困問題を検討するにあたっては，富や所得を計測することが第一歩であり，その次の段階として，その分配が適正に行われているかどうかを検証することが必要であり，これらが検討されなければ，貧困の真の意味が理解できないと主張する[17]．

---

17) ホブスンは，「つい最近まで，貧民の悲惨な状態に接した大多数の博愛主義者は，貧困の経済的側面にわずかに注目していたに過ぎず，経済的救済方法の適応は考えもしなかった」（Hobson [1891a] 1971, 171）と述べているように，これまで貧困自体が経済的現象として捉えられることが少なかったことを指摘し，「この問題をどのような点から解明しても，この悪弊の真の原因は産業的なものであるため，早期の救済方法は道徳的あるいは教育的なものより産業的なものでなければならない」（Hobson [1891a] 1971, 178）と主張している．

第4章　社会改革の思想

貧困を計測するため，最初にしなければならないことは富の計測であり，国民所得とは何であり，それがどのように分配されているかという問題である．次に，この所得が各階級にどのように分配されているかという問題である．(Hobson [1891a] 1971, 2)

「生きるに値する生活がすべての人々に可能になるようにという目的に，知識，富や国民の活力が正しい方向になるような請求権は，文明化した社会の道徳的成長の真の基準になる」(Hobson [1891a] 1971, 28) と述べているように，これを細部にわたって検討することが，貧困問題の解決に向けた適切な処方箋を実施する素地を作ると言うのである．つまり，貧困は労働の浪費の広がりを理解することが肝要なのであると主張する．労働の浪費の拡大とは何であろうか．ホブスンは，「この浪費と密接に関連しているのは，適切で，包括的に生産力を持った社会の各構成員を，社会目的のために発見・教育・使用するシステムがないことである」(Hobson [1901a] 1996, 9) と主張することから分かるように，苦汗システムの拡大がその原因であり，それを解消する教育システムができていないからと言うのである．

加えて，「今日のロンドンにおいて人口の3分の1は人間としての生活に必要なものを享受できず，その半分は，前世紀の発展から勝ち取った巨大な社会的財産を国民に公平に分け与えることができないため発生する，慢性的貧困の状態で生活をしているように，近代社会が持っている生産力がまだ浪費的に使われている」(Hobson [1901a] 1996, 12) という状態であるから，いまだに苦汗システムの解明・解消ができていないと言う[18]．すなわち「産

---

18) イギリスにおける貧困の実態について，ホブスンは，「都会の救貧院の詳細な分析は，老齢者，虚弱者や子供が患者の大多数を占めているという事実を明らかにする．実際に仕事ができるのは，非常にわずかな割合の人々に過ぎない．貧困者の約3分の1が子供であり，約10分の1が精神異常者であり，約半数が老齢者，虚弱者，病人である」(Hobson [1891a] 1971, 21) という調査結果に基づき，子供の貧困が多いと指摘する．加えて，「都市の最下層の場合，家賃の高騰は価格の安くなった他の商品を購入することによって補われている」(Hobson [1891a] 1971, 25) と述べていることから分かるように，最下層の人々が最下層のままで過ごすという状態はイギリスの現状であると言う．

業的,経済的観点から,それ［苦汗システム］[19]が都市の貧困問題として要約できる」(Hobson [1891a] 1971, 67).

ホブスンは,「苦汗の救済法としての工場立法や労働組合についての研究は,未熟練労働の過剰供給という悪弊の経済的本質を強調するのに役立つであろう」(Hobson [1891a] 1971, 133) と述べていることから分かるように,苦汗システムが過剰供給という経済的活動の本質と常に一体化していると言うのである.つまり,貧困は苦汗システムという経済的仕組みを通して,経済学の課題になるという訳である[20].

苦汗システムの解消が貧困の解消と直接関連するならば,苦汗システムを解消する方策,すなわち中小企業に対する規制,労働の組織化等を実施することが,未熟練労働者が大量に存在している問題を解決することになる.未熟練労働者と貧困の関連について,ホブスンは次のようにまとめている.

> 貧困の大きな問題は未熟練労働者の存在にある.新しい秩序のもとで産業とともに生きるためには,彼らを組織化しなければならない.彼らは,非常に貧しく,無知で,弱い存在のため組織化できない.彼らは組織化されないため,貧しく,無知で,弱い存在であり続ける.ここにこの鍵を見つけた.貧困問題を解決するために多くのことができるかという大きなジレンマがある.(Hobson [1891a] 1971, 227)

1.1項で述べたように,貧困と失業には一連の関係があった.したがって,「レント論」や「過少消費説」を用いた理論的な枠組みで分析するというより,実質的・具体的な貧困対策が要求されることになるが,貧困対策を実施する際,貧困に特有の原因をまず特定しておかなければならない.ホブスンは貧困の原因を次のように特定する.

貧困の第1の原因,すなわち浪費は,具体的に,多くの資本や労働が未利

---

19) 引用文中の著者の注釈は,以下本書ではすべて［ ］で示すことにする.
20) ホブスンは,「産業的悪弊に対する道徳的・教育的な救済方法の作用に対する検討は,これらの救済方法が貧民の間の生活水準を上昇させるため,最貧民階層の物的条件を改善した場合だけに機能することを示している」(Hobson [1891a] 1971, 181) に過ぎないのであって,貧困を経済的に分析することが重要であると主張する.

用の状態にあるという「見える浪費（visible wastes)」と，蓄積された知識や能力が実際の生産過程に生かされないという「見えない浪費（invisible wastes）」から成り立っている．見える浪費は，すべての競争が浪費の原因であると言わない（Hobson 1909a, 162）までも，多くの浪費が競争的市場システムそのものから発生しており，「その発生はほぼ分配過程において見受けられる」(Hobson 1909a, 169) から，分配システムそのものが原因になっているということになる．言い換えるならば，「貧困は主として自由に利用できる土地がない地方では，多くの人々にとって生活のための唯一の手段である労働力の売買価格を原因としている」（Hobson 1909a, 167）訳であるから，貧困は市場のシステムそのものから発生するのである．しかし「労働者が個々に持っている知識を生産に活用・適用できないことによる見えない浪費は依然として大きい」（Hobson 1909a, 163) と主張しているように，個人の資質を向上させる知識や熟練を習得できていないことが見えない浪費であると主張する．つまり，この見えない浪費を解消しなければ，根本的な失業，ひいては貧困を解消できない，とホブスンは言うのである．したがって，貧困は分配システムの是正と教育システムの見直しによって解消できると捉えることができる．

　第 2 の原因は不公正な機会の分配である．不公正な機会の分配は，「一方では，そうした不公正は生産力の浪費を意味しており，他方では，誤った分配，消費力の浪費を意味している」（Hobson 1909a, 164) ように，不公正な機会の分配を発生させる原因は生産力の浪費と消費力の浪費，さらに誤った分配に直接関係している．要するに，第 2 の原因，すなわち不公正な機会の分配は第 1 の原因，換言すれば浪費を発生させる根本的な原因である，とホブスンは言うのである．とすれば，貧困を根源から解消する手段は機会均等を実現することである．

　「機会均等という貧困に対する有機体的救済策を適用する場合には，今以上の忍耐力，注意力を持たなければならない」（Hobson 1909a, 174）のであるが，貧困を解消するためには長い時間がかかるため，その間に，その実現を望まない既得権益者からの圧力に屈しないことが肝要である，とホブスンは言う．「時間がかかるが，個人の効率性，教育，個々の人格の道徳的向上

だけが貧困の唯一の救済策である」(Hobson 1909a, 165) と述べているように，不公正な機会の解消は，個人の資質向上を実現することが必須の要件になるが，早急にそれを実現することは難しく，長期的な視点に立ってその実現を目指さなければならないのである．機会均等が実現されれば，「機会均等は個人の行動力を新たに増大させるだけでなく，産業が著しく不生産的で，進歩が遅れた地域に科学や技術の進歩をもたらすことにより，発展を促進する」(Hobson 1909a, 174) 原動力になるため，浪費を改善・解消することにもなる．したがって，機会均等の実現は，個人的な資質を向上させるとともに，公正な分配を実現させ，経済発展を生み出すことになる．

> ひとたび，これが実現すれば，この状態は，実在する富のよりよい分配だけではなく，国民の生産力に驚異的な増加をもたらす．機会を閉ざすことは，無気力な精神，怠慢な努力，決まりきった行動を意味する．機会を開放することは，行動力を刺激し，想像力を喚起し，発展を引き起こす．(Hobson 1909a, 174)

機会均等を実現することによる効果は，分配過程で最初に発生し，それらが経済全体に波及していくのであるから，分配過程に注視した貧困問題の解明によって測定できるのである．

ホブスンは貧困も失業と同様に，個人的問題ではなく社会問題とみなされるべきであると主張しているが[21]，現実の議論では，「貧困は労働者がこれらのもの［労働者のそれぞれの能力・努力に応じた分け前］を獲得する際の不公正から発生している．彼らがこれらすべての必要なものに対する公正な利用可能性を享受すれば，彼らは富の公正な分け前を獲得できる．それでもまだ貧困が発生したとき，それはまさしく個人的な欠点や不運のせいにされる」(Hobson 1909a, 166) ように，貧困は個人的問題であるという認識が広く流布しているが，この認識は失業と同様に，既得権益者から見た分析であって，

---

21) ホブスンは，失業問題と貧困問題は同一の原因から発生しているため，「これらの嘘に取って代わられた真の基本方針は，社会的環境のなかで個人の資質や社会の特質の相互依存や相互作用と理解する」(Hobson 1909a, 206-207) 必要があり，両者を別個の問題として取り扱うべきでないと主張する．

貧困問題の実態を十分に認識した議論ではない，とホブスンは言う．つまり，「われわれは豊かな人々の富の供給源を攻撃することによってのみ貧困を救済できる．その自覚を持たないにしても，1人1人の富者は多数の貧者を作り出している」(Hobson 1909a, 175) ことが現実に発生している現象であり，貧困の原因は富者が獲得した余剰の存在であるから，この原因を解消・改善しなければ，社会問題としての貧困の解消はできないということになる．

とすれば，「経済的正義の要求に注目し，それを主張するだけでなく実現することが，貧困の唯一の根本的な救済である」(Hobson 1909a, 175) とホブスンが主張していることから分かるように，経済的正義は浪費を削減するとともに，不公正な機会の分配を解消することに他ならないため，これを実現することが貧困問題を根本的に解決することになる．さらにこれを推し進めて，「貧民を論じるときには，彼らの人格の支えとなっている気力を奪い，怠惰を引き起こすすべてのものを取り除くべきである．富者を論じるときには，その源になっているものを貧民の支えとして役立つ有効な目的に利用するように奨励しなければならない．人が生きつづけるのならば，それは義務であるということを思い出さなければならない」(Hobson 1909a, 202) のであるから，貧困を発生させる原因は，富者が保持している各種特権を含めた富（余剰）そのものであり，その富（余剰）をいかに社会として活用するかが貧困の解消に繋がっている訳になる．要するに，ホブスンの主張は，一見したところ，これから述べる慈善協会 (Charity Organization Committee) の「施し」という慈善活動と同じ主張に見えるが，いかにして富（余剰）を社会的に再分配するかという指摘であり，慈善協会の主張と全くかけ離れたものである．つまり，失業を社会問題として捉えたのと同様，貧困も社会問題として捉えることができ，富（余剰）をどのように社会的に再分配するかという点が貧困を解消するための課題であると強調しているのである．

慈善協会は貧困問題を解決するために，独自の「施し」を行っているが，ホブスンはこうした行為を批判する[22]．ホブスンの批判は，第1に，個人の特殊な事情を全ての人々に適用させる (Hobson 1909a, 204) ということであり，第2に，個人の問題を解決することが貧困全体の解消に繋がるという仮定 (Hobson 1909a, 206) にあった．要するに，慈善協会は貧困を社会問題と

して捉えていない，とホブスンは批判するのである．

　第1の批判は，「慈善団体協会の調査員は，不況期に失職した個人を，勤勉さや道徳的品性において同僚の水準より劣っていると認め，失業の原因をこの個人的事情に置き換えている」(Hobson 1909a, 205) とホブスンが主張していることから分かるように，貧困があくまでも個人的問題であって，社会問題としての貧困に対応できていないということである．加えて，「個別事例に関する彼らの態度は，個人と個人の関係だけに限定しており，換言すれば社会的関係から発生した事実を無視している」(Hobson 1909a, 205) と述べているように，貧困の実態を無視した救済策を実施しているに過ぎないと痛烈に批判する．

　第2の批判は，「慈善協会は意思の有機体的関係を考慮せず，社会を精神的に独立した個人的意思の個別の活動を統合したものとしてみなしている．個人的な資質が唯一の条件であるという基本方針は，その適用にあたっては，真実をよく映し出しているというより悪弊になっている」(Hobson 1909a, 207) 訳であるから，人間が有機体的組織体として相互依存活動をしていることを無視し，個人的事情だけを強調するならば，貧困の本質を見失うことになるという批判である．「慈善団体の擁護者が，社会条件や傾向についての十分な知識を彼らの研究のなかに含めていると偽って言っていたとしても，実際には，個人の事例の研究に限ることにより，彼らは経済的諸力のより大きな作用を排除している」(Hobson 1909a, 211-212) と述べているように，経済の相互関係を無視して，自分たちの都合に合わせて貧困救済の慈善活動を行っているに過ぎない，とホブスンは批判する．この2つの批判を基にして，ホブスンは慈善協会そのものの行動が個人的道徳観を重視するあまり，貧困解消の救済策としては全く役立っていないと糾弾するのである．

---

22)「彼らの社会の経済的構造全体に対する批判を適応すること，このことに結びついた貧困の対策としての施しの拒否は，慈善団体の賢人を彼らの基本的な概念とした個別の家庭の責任という主張に導く．彼らが考えるように，私的な慈善や年金や他の補助金といった形式によって組織化された社会的支援は，社会発展の唯一の源泉である個人の責任を押しつぶす」(Hobson 1909a, 203) と述べていることから分かるように，ホブスンは貧困を個人の道徳的問題ではなく社会問題として捉えているため，慈善協会の「施し」は社会全体に良い影響を与えることができないと一蹴する．

資産を公平なそして合理的な基準の下で，努力に見合った十分な機会均等を提供するため，それらをわずかずつ分配する作業は，最も重要な道徳的仕事である．単に表面的で，機械的な改革からの請願に対して，そうした努力を避け，落ち込んだ大衆の個人的資質をより完全に教育する方法を選ぶ人々に，なぜ何一つとして結果を提示できないのかという簡単な疑問を発してみよう．その時，彼らは自分たちが実際に行っていない道徳的教育力を働かせることができず，彼らの仮定した優位性は，道徳ではなくむしろ物質的・知的そして精神的機会の独占に頼る不道徳な優位性しか持っていないことが分かる．(Hobson 1909a, 216)

要するに，ホブスンは有機体的組織体における社会問題としての貧困という認識に立ち，すべての原因が個人の道徳・倫理観にあるとした慈善協会の活動を批判したのである[23]．貧困問題の解消のためには，富者の慈善という個人的な立場からの救済ではなく，社会問題としての貧困を認め，国家の経済政策による貧困問題の解消が必要である，という見解を示したのである．

とすれば，ホブスンの提唱する貧困救済策は，慈善協会が行う「施し」や富者が行う個人的な「施し」ではなく，国家の介入が抜本的な解消策になるということになろう．「私が主張しているように，機会の不平等の多くが，貧しい人々を抑圧する，不条理な法律によって発生，支持されていることが事実である．とすれば，有効な救済策はこれらの法律の変更以外にない，と提案することは愚かなことになる．国家が法律を変更することによって，貧困を救済することはできない．公的収入や財のため，最も有利になるようにすべての権力を使い，すべての自由を保障することによって，貧困を救済することができるというのは衆目の一致するところである」(Hobson 1909a, 171)とホブスンが主張していることから分かるように，国家がこれまであった，いわゆる悪法を改正するだけでは貧困を根本的に解決できないということになる．要するに，国家＝政府が貧困を社会問題として認めた上で，それ

---

23) ホブスンは慈善協会の見解について，「社会問題は個々の雇用者の道徳的見解に無難な解決を見出すことができるという，もっともらしい提案が，真の社会問題の本質を覆い隠す」(Hobson 1909a, 203)だけであると非難する．

に対する経済政策・政治改革をすべて行うことによってのみ，貧困問題を解消する体制が初めて整うと言えるのである．

> 政府と呼ばれる公的組織の介入が必要なくても，貧しい人々が個人としてあるいは全体として自活できるという考えは，貧困の条件を分析することを拒否する人々によって主張されているに過ぎない．なぜなら，貧しい人々が自分の労働力の売却先を探しているとき，さらに土地や資本や技術や知識への利用可能性を探しているとき，彼らが個人の効率性を獲得するのを妨げる邪悪な条件が，原材料や国民の知的資源の所有や利用に関する法律によって取り込まれていたからである．(Hobson 1909a, 170)

ホブスンは，たとえ既得権益者が貧困を社会問題として取り上げることに反対しても，貧困は失業と同様に，個人的道徳や倫理観から発生する問題ではないため，国家の経済政策・政治改革によって救済すべきであると言う．社会問題としての貧困は，「過少消費説」や「レント論」によって解明できるため，貧困解消の方策もこれらの理論を用いることにより，容易に解明・解消できるはずであろう．

2. 政治改革

ホブスンが目の当たりにした19世紀後半から20世紀初頭にかけてのイギリスは，保守党，自由党という二大政党による政権の維持を通して，選挙制度の改正，各種社会保障制度，教育制度，議会制度等の改正による政治改革の充実が図られた時期であった．しかし，この時期の政治改革でさえ，根源的な社会改革を実施しようとするホブスンにとっては不十分なものであった[24]．つまり，「われわれの危機は，私有財産や私的企業の法律的，経済的制度の重要な修正を含む，活気に満ち，明確で，建設的な社会再建の根本的

---

24) もしホブスンが主張するような政治改革を実施できれば，「自由主義の将来は，自由主義の綱領の再声明に対して必要となるものが，勇敢で，希望を持った知的支持者の賛同や知力に依存している．そしてそれを実現することにより，新しい経済的，道徳的世界がわれわれの前に広がる」(Hobson 1909a, xiv) はずである．

な政策が，ご都合主義的政策に取って代わられたことにある」(Hobson 1909a, xi). すなわち，現実の制度の下で，国民の厚生や生活水準の向上を確実に実施することをホブスンは求めたが，政治面では，必ずしも彼の改革が実行された訳ではなかった．この主張は，この時代の政治情勢を次のように要約していることから明らかなところである．

  保守主義は，19世紀を通じて自由主義がそうであったほどぴったりとは，資本主義に密着していなかった．サー・ジョン・マリオット (Sir John Marriot) がかつて指摘したように，私的企業と自由放任，すなわち資本家支配に対する国家介入の大部分は，保守党政府によって，自由党の反対に逆らって遂行されたのである．後の時代には，大多数の産業界の巨頭は，衰える自由党を去って，より有能で評判の良い保守党に向かい，国家介入を労働に対する資本の防御装置に変えるのに役立てたが，保守党は今でも産業活動ではその伝統的人道主義をいくらか残している．90年代初めからの社会サービスへの公的支出の激増は，保守党政治家からは大いに賛成され，反対はわずかしかなかったが，その多大な影響は労働者階級の社会的・経済的厚生に大きな利益をもたらした．(Hobson 1938, 121-122：訳110-111)

要するに，各種の制度改革は，改革を推し進めるべき役割を担った自由党が実現したのではなく，むしろ改革に反対していた保守党が主導したのであった．各種改革の実行が，進歩的であるとされる自由党が中心になったのではなく，保守党によって実施されたということは，まさに皮肉な結果であった[25]．しかし，保守党による改革の実施は，自由党によるそれとは異なっているため，「この意味において，労働組合法，教育法，酒類販売免許法，それに政府の土地政策でさえ，その本質的な特徴は保守的である」(Hobson 1909a, 91-92) ということになる．ホブスンの求めていた政治改革は，当然これとは異なったものであったはずである．

---

25)「過去4年間の自由党政府の経験が憲法改正を推し進めた．民主的政府がイギリスにおいて実現すれば，結果として起こるはずの憲法改正の実現が，今のところ少しも見られない」(Hobson 1909a, 6-7) ということから，ホブスンは自由党がなすべきことをしなかったと批判する．

19 世紀後半から 20 世紀初頭にかけての政治的背景は[26]，「古い自由放任的個人主義が，依然として知的指導者のなかでは支配的な教義であった」(Hobson 1909a, vii-viii) から，政治改革は古い自由放任的個人主義の教義に代わる新しい自由主義を提唱することから始めなければならなかった．それこそがホブスンの目指した政治改革の原点であったのである．つまり，ホブスンは古い政治的教義，すなわち自由放任的個人主義が継続する事態を政治的危機と捉えていた．この危機は，「主として，政治的活動にともなう，ある有利な地位に付随した経済的利益から成り立っている」(Hobson 1909a, 5) のであるから，政治方針が経済的利益を獲得する階級の意見に沿った形で決定することに他ならない．したがって，ホブスンは新しい自由主義の立場から，現行の政治決定に対して，近代国家の政治は浪費を防ぎ，機会均等を実現するため，社会改革を実施する主体でなければならないと異議を申し立てるのである．

　ホブスンは社会改革を実施するため，各種経済政策を実行する政治システム自体が改革されなければならないと考えていた．つまり，「私が示唆した提言は，自分たちが得ている利益にとって有害であると信じる強力な政党や階級の，公然あるいは暗黙の反対に直面するため，社会改革は一連の選挙，立法，行政そして司法の過程を通して戦い進まなければならない」(Hobson 1909a, 5) と述べていることから分かるように，司法，立法，行政さらに選挙制度自体の改革が当面の政治改革の課題ということになる．

　とすれば，さまざまな社会的混乱とそれに対応する政治的決断が必要な時期こそ，社会改革を推し進める絶好の機会であったはずである．しかし，自由放任的個人主義の政治体制下では，それを変えるような社会改革を実施することが難しかった，とホブスンが分析していたことが重要なポイントになろう．

---

26)「90 年代のこの時期，他の交友関係も，同じ傾向，すなわち，経済学と政治学の密接な関係と，両者を調和させ，それらをともに，人間的厚生の技術というよりは，広い概念の下に位置付けられる社会倫理の探求に力を貸した」(Hobson 1938, 55：訳 50) と指摘していることから分かるように，1890 年代，ホブスンは経済学だけではなく政治学にも興味を示していた．

第4章 社会改革の思想

この時期は，都市での貧困，産業問題，農村における産業と人口の減退，そしてより重大で危険な様相を帯びていた資本と労働の軋轢について，新たに露呈された時期であったにもかかわらず，自由主義は社会改革の体系的政策を定式化しようとするまじめな努力を行わなかった．（Hobson 1909a, vii）

確かに，この時期には，保守党による社会改革が実施されていたのであったが，保守党の社会改革は，ホブスンの言う新しい自由主義を基盤に置いたものではなかった．というより，むしろ自由放任的個人主義を確固たるものにしようという意図から発生したものであった，と考えられよう．つまり，保守党は自由主義そのものを変質させる社会改革の実施には，本質的に反対であったのであろうことが窺えるのである．保守党の政治改革をもう少し具体的に検討するために，帝国主義と政治の関係を見てみよう．この関係が明らかになれば，ホブスンの主張する政治改革の必要性がより重視されるはずであるし，新しい自由主義の立場が鮮明になるからである．

当時の議会では，ホブスンの期待に反して，帝国主義的政策の実施を要望する声も強く，どちらかと言えば，帝国主義推進者の意向が政治に反映されていた[27]．こうした風潮に対して，ホブスンは，民主政治を存続することが帝国主義の拡大を押しとどめると同時に，帝国主義的政策を批判することになると言う．つまり，「こうした考察が帝国主義と民主主義との衝突を明らかにする．なぜなら，全国民の関心と意思が国家権力を行使する政治的民主主義によって，帝国主義そのものと実際に対立するからである」（Hobson [1902] 1938, xxi：訳（上）29）．民主政治の存続に対する危機意識は[28]，帝国主義により，一層拡大する．「まさに，民主主義と帝国主義の対立は，政治原理の根底にまで至る．現在，帝国主義は，常に，民主政治のすべての組織

27）「近代的帝国主義の推移の実際的分析は，それを形成する経済的・政治的権力の結合を示した．これらの権力は，帝国主義的拡張政策から私的利益を求める特定の産業的・金融的・知的階級の利己的関心から，また民主主義の圧力に対抗して自己の経済的・政治的そして社会的特権を守るため，同じ政策を利用していることが起源になっていることを確かめることができた」（Hobson [1902] 1938, 196：訳（下）104）と述べているように，ホブスンは帝国主義を経済的・政治的に分析している．

に非常に効果のある手段として認められている経済改革の実施を阻止するばかりではなく，組織それ自身の作用を無力化するように働く」(Hobson [1902] 1938, 145：訳（下）45）まで拡大するのであって，民主政治の推進者，すなわち社会改革を主張する人々は，帝国主義の拡大が民主政治そのものを変質させるのではないか，という危惧を抱くようになっていると糾弾していることから分かるであろう．帝国主義の政治的拡大が民主政治を維持できなくなるところまで至っている，という認識である．

　公的支出という観点から帝国主義を見れば，「帝国主義の経済的原因は，過剰商品や過剰資本に対する私的市場を公的支出，公的軍事力によって守り，それを拡大しようとする，強固に組織された産業的，金融的利益に対する欲望である．戦争，軍国主義，そして精神を鼓舞する対外政策は，この目的に必須の手段である．この政策は公的支出の増加を必要とする」(Hobson [1902] 1938, 106：訳（上）166）と述べていることから分かるように，帝国主義の政治的拡大は，ホブスンの求める社会改革への公的支出を減少させる[29]．

---

28) ホブスンは危機意識を，「帝国主義の源泉は，特権階級がはるか遠くにある有利な投資先を求めるために所得の余分な部分を蓄積するという，産業上の機会の不均等にある」(Hobson [1902] 1938, 361：訳（下）300）と述べ，さらに「帝国主義と社会改革の対立は，本質的に対立する正反対の統治方法，政策決定過程にある．この対立の最もはっきりとした事例は財政上の斟酌で示される」(Hobson [1902] 1938, 141：訳（下）40）のであって，「常に大きな軍事支出を必要とする帝国主義は，その目的を実施するために公的財源を奪い取る．大蔵省は公的教育，養老年金その他の国の改革政策を実施する資金を十分に持てなくなるばかりではない．なぜなら，国税納付者と地方税納付者はほぼ同一人であるから，国家の不生産的な目的のために租税の多くが使われるならば，地方税を容易に増加することができなくなり，より小単位の地方自治体も同様に疲弊することになる」(Hobson [1902] 1938, 141：訳（下）40-41）と指摘しているように，危機が政治・経済の広範囲にわたって発生すると言う．

29) ホブスンは，「帝国主義とは，主として資本家が国外での経済的利潤を獲得するため，政府の組織を利用することを意味している．すなわち，国家の政策において，歳出や租税に特別な特権を与えることになる」(Hobson [1902] 1938, 94：訳（上）152）ということから，公的支出の多くが帝国主義的政策に向けられるため，国民の生活水準を向上させるのには一切役立たないと断言する．すなわち，「これらの投資家や金融業者の国家政策に対する影響力は，社会改革運動に恐れを抱く他の既得権を持つ同盟を守るために使われる」(Hobson [1902] 1938, 361：訳（下）300-301）と述べていることから分かるように，帝国主義の拡大により，社会改革への公的支出が減少する．

帝国主義的拡大への政治介入は，国内における国民の生活水準の下落，軍事支出にともなう財政的負担の増加，貧困と失業の増大，それとは対照的に，特定の富裕階層による富（余剰）の蓄積の増加，および海外での植民地獲得戦争の拡大，植民地での自治の抑圧等の，国内外への悪影響を拡大させるため，民主政治の根幹を揺るがすものになると言うのである．

　列強の帝国主義の事例で説明したように，帝国主義勢力の，実際的で不可避な政治的影響は，以下のように要約される．それは劣等種族の住んでいる土地を侵略するという絶え間ない誘惑を与え，また敵対する帝国主義諸国との争いに国民を巻き込むため，平和への絶え間ない脅威になる．戦争という危険な状態へ国民の物的・精神的資力を浪費させるだけではなく，文明化の進行を阻止する，軍国主義の慢性的な危険や堕落が加わる．軍備の調達は，国家の収入から生産的な公的計画への支出を止めさせ，重い債務の負担を子孫に負わせ，財政資金を計りきれないほど，また予想できないほど浪費する．統治階級や国家が，公的資金，時間，関心や活力を，高価で無益な領土拡大行為に費やすことにより，国内改革や国内の物的・知的発展を促す技術の育成に必要な公的活力を浪費することになる．最終的には，帝国主義の精神，政策や方法は，民衆の自治的政治システムに敵対し，自由や平等に甚大な被害をもたらす政治的圧制や社会的権力の諸政策を支持することになる．(Hobson [1902] 1938, 152：訳（下）52-53)

　要するに，帝国主義は帝国主義的政策を実施するために莫大な公的支出を必要とするため，国内では，浪費を拡大して国民の活力を奪い，生活水準を下落させ，さらにそれらの債務を子孫にまで残す．国外では，新たな土地を獲得し，統治するため，絶えず戦争の危機に国民を巻き込むと言うのである．したがって，帝国主義の政治的拡大は，国内外を問わず浪費をもたらし，民主政治それ自体の存亡を危うくするという主張である．

　とすれば，ホブスンにとって政治改革は，帝国主義を廃し，民主政治に基づく社会改革を実施するための前提条件であると言ってよかろう．言い換えるならば，たとえ帝国主義推進者の批判があったとしても，国内的に，国民の厚生や所得水準を向上させ，機会均等を実現し，浪費を減少する社会改革

を実施できる政治体制の実現に向けた改革の展望に他ならない．

本節では，ホブスンが求めた政治改革を，政治の根幹を改革しようとする 2.1「私有財産制度の修正と社会立法」，2.2「教育改革」，2.3「議会改革」という項目にしたがい，さらにその内容を具体的に検討することにする．まず，「私有財産制度の修正と社会立法」から始めよう．

2.1 私有財産制度の修正と社会立法

19世紀後半，地主階級による大土地所有制に対する批判として，「土地問題」が注目された[30]．「土地問題」への対策として，1875年に第1次農業借地法，1882年に継承産設定地法，1883年に第2次農業借地法が制定された．第1次農業借地法は，借地農投下資本の補償問題の解決を目指したものであり，継承産設定地法は，土地の売却，交換，分割の自由化を目的にしたものであり，第2次農業借地法は，地主による借地農への金銭的補償を強制するものであった．このような法律が制定されたことにより，大土地所有制度の法的基盤が失われ，地主の経済的基盤が弱体化することになった．加えて，猟鳥獣の補殺権を借地農や農業主に認めた1880年の狩猟法の制定は，地主の財産権と社会的威信に打撃を与えた．

ホブスンは，「すべての個人的権利が社会的厚生を守り，増大させるため，社会の究極の義務から合法性を得られるとしても，やはり，それらは権利として認められ，相応の注目を受けるべきである」(Hobson [1901a] 1996, 89) と述べていることから分かるように，私有財産制度は堅持する立場にあるが，それを乱用することは認めない[31]．つまり，「財産の個人的な権利に対する社会的是認は，現代の自己設定の保有者の個人的権利をすべて認めることはないという重要な意味を持っている」(Hobson [1901a] 1996, 90)．

要するに，「財産権に関する基準としての唯一の説得力を持つものは，財

---

30) イギリスの土地問題については Readman (2008) が詳しい．
31) ホブスンは，「このように，私的占有が権利であるなら，これらの権利は社会から認められ，制限される．社会的効用は，そうした権利の制約を作る際に，最も重要で，絶対的でなければならない」(Hobson [1901a] 1996, 89) と述べていることから分かるように，私有財産にも限度があると主張する．

産の存在を仮定しており，不完全な見解に基づき分配問題について純粋な統計的立場をとっているという事実である」(Hobson [1901a] 1996, 90) と主張するように，ホブスンは公正な分配を排除する私有財産権を認めないと言うのである．すなわち公正な分配が認められて，初めて私有財産制度の意義が認められる訳である[32]．

「この権利［すべての人々が土地や自然資源等を自由に利用できるという権利，すなわち機会均等］は修復されなければならない．どの国家においても土地の大部分を継続的に何に使用するか，あるいはどんな用途に使用するか，そして大多数の国民が生まれ育った村や田舎で自由に働き，生活できるかどうかを決定するといったようなすべての人々に与えられるべき権利が，2000～3000人の財産になっていることは，この平等の原理の明白な侵害である」(Hobson 1909a, 97) とホブスンが述べていることから分かるように，自由放任的個人主義の下で，無制限に私有財産制度を認めることは結果的に，大土地所有や土地の独占を発生させ，国民の平等権，言い換えれば機会均等を侵害し，余剰を発生させていると言うのである．とすれば，「土地問題」と都市部における貧困の関係を見れば，都市部の土地の私的独占が貧困を一層促進させていることは明らかであろう．

「土地について，制御できない私有財産の本質的脅威は，土地がすべての人々にとって絶対に必要なものであるが，ある社会にとって，この必要のために利用できる数量が絶対的に制限されているという事実にある」(Hobson [1901a] 1996, 187) と指摘するように，ホブスンは土地の絶対的数量が限定され，その土地の権利を私有財産制度が守るということが，土地問題の本質であることを強調する．土地問題は私有財産制度の乱用を示すとともに，国民としての義務すなわち人口増加に対応した土地の提供をも拒否した結果発生したものであると鋭い指摘をする[33]．

---

32) 「数量的な財産や機会均等が必要に応じた分配法則と一致していないとしても，この理論が現在の不平等の種類や段階のどちらかを支持していることにはならない」(Hobson [1901a] 1996, 167) のであって，「現在，産業や金融によって発生する大きな報酬は，個人の生産性や必要性によって計れない．むしろ，彼らが所有している独占力や市場の条件がそれらを発生させているに過ぎない」(Hobson [1901a] 1996, 170-171) というのが現実である．

他の富と同様に土地の私的所有権は常に守られている．すなわち利用の自由は個人所有者に与えられているが，彼らを説き伏せて彼らの土地を社会的に最も有益に利用することは可能であろう．他方で，増大する人口が必要とするものが重くなるにつれ，彼らが支配する土地利用の浪費から個人所有者を守るためにより大きな保護を求められる．(Hobson [1901a] 1996, 189-190)

なぜ土地問題が重要なのであろうか．「法外な地代や経済レントは明らかに，土地に対する資本と労働の効率的な適用を妨げるものであるため，進歩的な政策は疑いもなく，土地所有者の保有している経済力を打破するためにある」(Hobson [1901a] 1996, 193) と述べているように，ホブスンは土地から強制レント＝強制利益＝不生産的余剰が発生しており，その蓄積が社会を衰退させる原動力になるからであると主張している．

ホブスンは土地問題を集約的に，「空間の独占はすべての独占のうち最も脅威となるから，住宅問題と鉄道の国有化は最も緊急な土地改革である」(Hobson [1901a] 1996, 195) と主張するように，一番重要な問題は住宅と鉄道等の運輸に必要とされる土地の確保であると言う．つまり，ホブスンは国民所得や生産性の向上にとって障害となる基本的部分を，土地問題として取り扱っていたのである．

加えて，土地の私有財産制度と同じ効果を持つものとして，酒類販売免許法等に代表される専売制度や独占があり[34]，これも私的所有制度を活用した平等権，すなわち機会均等の侵害である．要するに，「現在，産業や金融によって発生する大きな報酬は，個人の生産性や必要性によって計れない．むしろ，彼らが所有している独占力や市場の条件がそれらを発生させているに過ぎない」(Hobson [1901a] 1996, 170-171) のであるから，これらの制度が

---

33) ホブスンは人口と土地の関係について，「物的，社会的効用に注がれるものは，一方では，利用できる土地の量によって，他方では，人口の増加によって制限されるであろう」(Hobson [1901a] 1996, 188) と述べている．
34) 先にも述べたが，イギリスで大規模企業による市場支配が認められるようになったのは，1862年の（統合）株式会社法制定以降のことである．

余剰を発生させていることは間違いない.

したがって,ホブスンは,自由放任的個人主義の下で,土地の私有財産制度を維持する限り,一方では浪費が機会均等を実現できないことから増加し,他方では社会改革が求める,個人の平等と自由の実現を遠ざけることになると主張していると言うことができる.「土地の利用可能性,移動の自由,産業エネルギーの利用可能性,信用,経済的安全性,司法と教育の利便性という自由がなければ,今日の文明化した生活を享受できる自由を持つ人間はいない」(Hobson 1909a, 113) ことになる.

> なぜなら,われわれが理解しているように,土地の効率的な利用は,公的規制の広範囲にわたる継続的な方策を含んでおり,運輸,信用,住宅そして他の問題に対する国家活動のさらなる拡張を推し進めることになる.土地問題が独占的性質を持っているため,土地所有者が社会的に創造された価値を受け取っていたという認識のずれは,独占と酒類販売許可証や他の合法化された独占だけではなく,産業組織のいたるところで,競争が妨げられ,本来備わっているはずの社会的価値が他の収入になっていることを認知できなかったのである.(Hobson 1909a, 4)

ホブスンは,現状の私有財産制度が新しい自由主義による私有財産制度に変更されない限り,浪費が増加し,社会改革の進展を妨げることになると主張する.不公正な機会の分配を助長させる現状の私有財産制度が浪費を増加させるとしても,新しい自由主義の下での社会立法によって,機会均等を実現するように私有財産制度が変更されるならば,社会改革は推し進められることになる.

「土地問題」,専売制度や独占を発生させる現行の私有財産制度の維持が,「土地の利用可能性,移動の自由,産業エネルギーの利用可能性,信用,経済的安全性や司法の利便性が社会全体に広く分配されることにより,人間はすべて等しい自由を享受できることになるが,まだ本当の機会均等には至っていない」(Hobson 1909a, 109) のであるから,新しい私有財産制度を目指す社会的立法が必要になる[35],とホブスンは言うのである.

簡単にまとめると，それらは次のようになる．すべての市民のための健全で安定した住宅の社会的重要性は，都市それ自身がその物的基礎から成り立っている土地や住宅の所有者になるまで，都市の土地や住宅に対する規制を拡大するという市民政策を強要する．(Hobson [1901a] 1996, 194)

とすれば，社会立法により機会均等が保証されれば，自由や平等も保障されよう．しかし，その際には，私有財産制度そのものを根底から考え直さなければならないため，制度の乱用を阻止するための立法措置が必要になる[36]．「数量的な財産や機会均等が必要に応じた分配法則と一致していないとしても，この理論が現在の不平等の種類や段階のどちらかを支持していることにはならない」(Hobson [1901a] 1996, 167) のであって，「レント論」や「過少消費説」に基づき解明した余剰を解消する社会改革が必要になろう．

19世紀末に立法化した法律としては，労働関係では，1896年の労使調整法（商務省に労働争議調停権限を付与し，労使協調体制を確立），1897年の労働者災害法（雇主責任の原則の拡張と雇主による労働災害への自動的補償を規定），教育では，1880年の教育法（就業の義務化），1889年の工業教育法（技術教育を柱とする中等教育の充実を図る），1891年の初等教育の無料化，選挙制度では，1884年の第3次選挙法改正（農業・工業労働者に選挙権を付与），1885年の議員配分法（小選挙制の導入と人口比例制の議員選出）

---

35) ホブスンは土地問題解決のために，「土地の地代や価値に対する課税は，増加する衛生上の検査や住宅建設の調整とともに，都市改革の直接的方法に沿っている」(Hobson [1901a] 1996, 194) と指摘し，土地問題と他の政策の協調性について，「住宅問題や正常な産業政策は，都市や田舎の公的所有権に対する要求と並存できる」(Hobson [1901a] 1996, 195) ことを認めている．

36) 社会問題に対応した社会立法に関して，「これは貧困問題の解決へ向けた社会主義的立法の過去と現在の貢献であり，これらの社会的財産の形態に対する社会の要求が，より大きくそして組織的に，将来も強要されよう」(Hobson [1891a] 1971, 200) と主張していることから分かるように，ホブスンは社会立法に賛同している．加えて社会立法を推進する立場について，「今日のわれわれすべてが社会主義者であると言われるとき，その意味することは，われわれすべてが，公的利用を保証する政治的支えとなる，資本という社会的財産の存在を徐々に，しかも無意識のうちに認めていることによって提示された，立法の積極的推進や承認に関与しているということである」(Hobson [1891a] 1971, 199) と積極的に関与する姿勢を示している．

があるが，こうした立法化は20世紀になっても継続・進展していた．この立法のなかでも，特定の階級の既得権益を保持する代議制度を，階級や性別を問わず参政権を持ち，各階級の意見を代表する人々を選ぶという代議制度へと移行させる選挙制度改革が，結果的に社会改革を目指す政策決定を推し進め，政治改革の基盤を形成したと言えよう．つまり，議会が特定の階級だけから構成されるのではなく，さまざまな階級から構成されるということが，広義の社会問題や政治問題を解決する政治改革になるからである．

　ホブスンは，自由放任的個人主義の下では，私的所有権の乱用が不公正な機会を発生させ，その結果浪費から失業や貧困という社会的弊害が発生するため，権利の乱用を防ぐ立法措置が必要であると言う．つまり，自由放任的個人主義の下で，余剰を発生させる特権的権利（たとえば，独占や専売等の市場参入を妨害する制度）に対して，それを規制するための立法措置が必要になるのである．それが，ホブスンの「レント論」や「過少消費説」に裏付けられた余剰の発生を阻止する社会立法独自の役割になろう．

2.2　教育改革

　教育改革は，人間の資質や技術の未習得・未熟練が原因となり，不公正な機会の分配によって生じる見えない浪費を減少・解消するために必要とされる．言い換えれば，生産性や国民所得水準の向上を目指し，見えない浪費を減少・解消させる教育改革は，基本的には余剰を解消する手段になるのである．

　イギリスでは，1869年の基本財産学校法（基本財産学校の再編による教育の改革），1870年の初等教育法（都市労働者への初等教育の充実を図る），1880年の教育法，1889年の工業教育法，1891年の公立初等教育の無償化，1902年のバルフォア教育法（中等教育の改革）と続けざまに教育関係の法律が立法化されたことは，国家が時代の多様化に対応しながら，教育制度を改良・発展させた結果であったと言えよう．ホブスンは，「社会的労働の十分な活用に関して，経験的解消ではなく，組織的解消と関連した一連の手仕事的・精神的な教育問題が，社会問題の一部となっている」（Hobson [1901a] 1996, 10）と述べていることから分かるように，社会問題としての教

育を充実させることに留意していると言えよう．

「私的組織に比べ公的なものの正当性に対し抱いていた不安感が徐々に解消したのに対応した教育は，人々の意思を導き，豊かにし，啓発し，そして民主主義に精神的な実体と知力を与える．自由主義は，個々人と市民の自発的団体の関係と同様に，国民と自治都市の能力や潜在能力の開放および活用の関連を明確にできよう」(Hobson 1909a, 95) と指摘していることから分かるように，教育は具体的な現象として社会に定着するまでに時間がかかったとしても，民主政治の発展や政治改革さらに生活水準向上への波及効果が非常に大きい，と言うのである[37]．

とすれば，「個人の道徳教育が社会の創意を高め，浸透させ，そして健全な活動であると一般的に認められるならば，社会発展の基盤を整備できることになる」(Hobson [1901a] 1996, 140) 訳であるから，社会発展の基盤を作るための手段として，教育制度を充実させることが国家にとって急務の課題となる．要するに，「その言葉の意味通り，教育の開放がわれわれの時代の最も重要で緊急な問題である」(Hobson 1909a, 112)．

たとえ教育の成果が実現するまで時間を要したとしても，国家を発展させる効果が大きければ，すべての国民に教育を受けられるようにすることが，発展に必要不可欠な条件となるため，教育の目標は性別を問わず，教養や社会的能力を身に付けさせることであると，ホブスンは教育を性別や貧富の差により変えるべきでないと言う (Hobson 1909a, 110)．

加えて，女性に対する教育は，「すでに近代文明社会では，人口の自然増加に対して量的・質的抑制が作用するため，人口の全般的増加に影響を与えていることは明らかである．そして将来にわたって，その作用が継続するという根拠も十分にある．生物学的・道徳的教育の普及により，人口増加を緩和する手段がより一層合理的になると期待されるであろう．特に，経済的自由と婦人の啓蒙を拡大することによって，理性的な自己抑制を有効に活用で

---

37)「これらの資質が実在する産業の企業形態に著しく欠けているという事実が，経済改革への道徳的圧力の構成要素になっている」(Hobson [1901a] 1996, 140) と指摘していることから分かるように，ホブスンは教育の充実が社会改革思想を育むことになると考えていた．

きるようになる」(Hobson [1902] 1938, 180：訳（下）85-86) と述べていることから分かるように，女性の教育機会の拡大は国家の発展を下支えするとともに，人口増加の抑制効果が大きいと言うのである．

　これを踏まえて，社会的平等や機会均等という観点から教育の役割を見れば，「自己啓発，社会的利益の手段として，人々の効率を高めるものは，知識や教養を容易に入手できるという利用可能性を平等にする機会に依存している．教育機会の平等なしには，すべての機会均等は個人や社会の発展のため，役に立たないことになる．教育が機会の中で最も重要な機会である」(Hobson 1909a, 109) ことは明らかである．教育は社会改革の重要性を認識し，国の発展を促す社会改革を実施する上で，すなわち政治・経済における社会問題への関心を深めるため，非常に重要な役割を担うことになる，とホブスンは言うのである．機会均等を求めるにあたって，最優先されるべきものが教育改革なのである．

　　なぜなら，多くの機会のなかでも，教育は重要な機会である．そして教育機会を平等にするという崇高な目的のため，実際に貢献した大多数の人々に対する否認は，真の自由党員すべてに対する自由の初歩的意義を絶え間なく主張するのと同様に，すべての他の機会均等を達成・利用する上で，個人の自由に対する最も明白な障害となるであろう．(Hobson 1909a, 94)

　つまり，教育改革こそがさまざまな機会均等，すなわち自由と平等を獲得するための第一歩であり，この改革なしには真の機会均等は実現しないということである．

　「豊かな人々が施しを与えることができるなら，国家は彼らの租税によって国民の知的教育を維持するための公的収入を得ることができる．教養への自由な利用可能性という意味で，知的自由がすべての人々の共通財産になることができるならば，そのような教育機関の公有化や管理が必要不可欠になる」(Hobson 1909a, 111) と述べているように，教育改革を実施する主体は国家であり，すなわち国家が教育，特に初等教育の維持・管理・運営に当たらなければならない，とホブスンは言う．具体的な技術教育や知的・道徳的教育さらに中等教育の充実，すなわち教育の門戸開放が時代の要請になって

いることを指摘する．

要するに，ホブスンが教育改革を重視するのは，社会問題を解消する経済政策や政治改革の持つ役割，ひいては社会改革を理解・実施するための手段として教育が最適であり，最終的に，知識の集積が社会改革を実施し，生活水準の向上や社会を発展させるための基盤になるという側面を重要視したからである．

2.3 議会改革

議会改革について，ホブスンは社会改革を実施する際の必須要件，すなわちさまざまな法律の立法化と行政的障害を取り除くための前提条件と捉えており，具体的には選挙制度と議会内部の改革の2つの観点から論じている．第2章，第3章で展開した「レント論」や「過少消費説」が社会改革を提唱する理論的基礎に置かれているため，議会改革の基底には，これらの理論から発生した余剰の最適な再分配を，立法・行政を通じて実現しようという意図があったことは間違いない．

選挙制度改革は，選挙制度自体と地方自治の改革から成り立っている．前者は，1832年の第1次選挙法改正（中流階級に参政権を付与），1867年の第2次選挙法改正（労働者階級に参政権を付与），1872年の秘密投票法（有権者が誰に投票したかを秘密にする投票方式の導入），1883年の腐敗・不正行為防止法（法定選挙費用の制限，罰則の強化，連帯責任制の導入）と第3次選挙法改正，1885年の議席再配分法，1918年の第4次選挙法改正（30歳以上の婦人参政権の実現），そして1928年普通選挙法（21歳以上の男性と女性に平等な参政権を付与）と続く．後者は，1836年の都市自治体法，1888年と1894年の地方自治体法の制定で具体化されていた．都市自治体法の骨子は，都市自治体の閉鎖的体質の改善であり，それまでの都市自治体を統廃合するとともに，市会議員の参政権を成人男子に与え，都市政治に開かれた代議制度を導入することであった．地方自治体法は，新たに設けられた行政州と特別市に州議会を設置し，一部を除く国家の行政権限を州議会へ委譲するとともに歳入割当制を行うことである．この制度はその後農村部にも代議政治を広げ，一部の未婚女性にも参政権を付与し，その結果，地主階級の政

治的影響力を低下させることになった．

　選挙制度自体の改革は，議会を構成する代議士がどの階層に所属しているかによって議会運営の方針が決定されていたという，これまでの議会内部の閉鎖性を打ち破り，政治にすべての有権者の意図を反映させるために，必要不可欠な要件であった．つまり，参政権を特定の階級に限定している現行の選挙制度の制約を取り去ることを意図していた．しかし，参政権を拡大したことにより，ホブスンの意図に反して，保守党がさまざまな階級の意向を汲んだ政策が提出されるような政党へと変身し，労働者階級の代理人として役割を主張した労働党が飛躍的に拡大したのに対して，自由党は分裂と連合を繰り返すうちに縮小するという皮肉な結果をもたらした．

　議会内部の改革は，1911 年の議会法の制定に集約される．その発端となったのが，所得税改正，累進的相続税の導入，そして土地課税を厳密にするとともに増税することにより税源を確保して公的収入の増加を図るという，1909 年の「人民予算」の提出である．「人民予算」には公的収入の増加を社会改革の原資として使用しようという意図があった．この予算案は下院では可決されたが，予算案の法案否決権を持つ貴族院（上院）で否決された．こうした経緯から，下院において財政法案に対する貴族院（上院）の法案否決権の廃止，法案に対する下院の優先権の認可，下院議員の任期の短縮を盛り込んだ議会法が提出され，それが下院と貴族院（上院）で可決された結果，「人民予算」は 1910 年に成立した．

　ホブスンは，「社会政策の大きな問題は地価に対する課税，年金，失業救済，貴族院（上院）を含んでいる」(Hobson 1909a, 92) と主張していることから分かるように，議会が社会改革を推し進めるための方策を立案・執行する最も重要な機関であるとみなしている．社会改革を推し進めるための法案，すなわち「人民予算」が社会問題の解消のために是非とも必要であるにもかかわらず，貴族院（上院）の法案否決権によって否決されたことを批判していると言えよう (Hobson 1909a, Part I. ch. 1, Part II. ch. 1)．したがって，ホブスンの社会改革は，失業，貧困という社会問題に対処する経済政策の拡充とそれを立法化し，執行する議会の改革をも含めたものにならざるを得ないのである．しかしなぜ，ホブスンは議会内部の改革の必要性，貴族院（上

院)の法案否決権の批判を主張したのであろうか.ホブスンの社会改革の思想に基づいた議会改革は,余剰を減少させ,それを社会的に還元することを目的としているのに対して,貴族院(上院)の法案否決権は,議員各自の経済的利益,すなわち既得権益を守るための手段であり,余剰を議員各自の手元に温存しようという意思を表しているからに他ならない.要するに,ホブスンは議会において特定の階級が自己の利益のみを追求することから社会問題が発生したと捉えており,社会改革を推し進めるためには選挙制度改革や議会改革を行わざるを得ない,という立場にあったと言えよう[38].

とすれば,議会において,選挙制度改革や議会改革を含めた政治改革を推し進める政党は,ホブスンにとって好ましい政党になるはずである.つまり,「近代的革新政党が本質的に採用する主要な政策は,経済的正当性を持つ」(Hobson [1896] 1992, 110)はずであるが,社会改革を推し進めたのは,ホブスンが支持した自由党ではなく,保守党であった.保守党が社会改革を推し進めたのは,保守党自身が多様化した結果,社会改革を標榜する意見が一時的に取り入れられた結果に過ぎない.いかに保守党が社会改革を遂行しても,保守党は本質的に保守主義的体質であるため,ホブスンの社会改革の思想とは相容れないものがあった.

議会改革は,自由放任的個人主義を標榜する代議士が議会で多数を占めている現状を打破しようという主張である.現実に発生している下層階級の貧困・失業の存在や上流階級の浪費を見れば,浪費が依然として大きく,余剰が依然として上流階級の手中にあり,余剰を社会改革の原資として利用できていないことは明らかである.社会問題の発生・拡大は強制レント,強制利益,不生産的余剰,名目的な貯蓄が増加した結果であり,逆に,限界レント,差額レント,差額利益,生産的余剰,実際に必要とされる実質的な貯蓄を減少させたという結果を反映しているに過ぎない.浪費の拡大から発生した貧

---

38)「この真実が政治舞台で多くの形で存在しており,そして最後の手段としてそれを押し通すが,文明の保護者・促進者として,物理的力と道徳的力の対抗策として常に現れる軍国主義や帝国主義との争いの基盤になっている」(Hobson 1909a, 94)と述べていることから分かるように,利益を追求する特定の階級が帝国主義の推進者に他ならない,というのがホブスンの判断であった.

困・失業の増加は，選挙民がこれらの現実を認識することにより，議会改革を含めた政治改革を促進させる効果を持つことになる，とホブスンは言うのである．政治改革は新しい自由主義思想による政治を実現するために必要不可欠な前提条件である．

　新自由主義はこの教義を身につけ，その実行を準備しつつある．法律上また経済上の特権が競争を妨げ，無効にしているのは経済的事実である．これらが下層階級の人々の卑しい労苦や貧困，上流階級の人々の卑しい怠惰や贅沢の原因になっていることが認められる．これらの事実が絶えず市民に示され，政治改革のエネルギーを増大させている．(Hobson 1909a, 4)

　政治改革のなかでも特に議会改革の重要性を認識し，その改革を求めることが社会問題の解消に繋がることになる．言い換えれば，議会改革を含めた政治改革を推進することこそが民主政治の擁護，すなわち新しい自由主義思想に基づいた民主政治を実現することになると言える．つまり，「現在の危機の真の意味は，民主政治の原理を再度述べ，そしてそれらを示している形態に作り直すという大きな仕事の手がかりを提供していることに他ならない」(Hobson 1909a, 8)．

　しかし，「過去4年間の自由党政府の経験が憲法改正を推し進めた．民主的政府がイギリスにおいて実現すれば，結果として起こるはずの憲法改正の実現が，今のところ少しも見られない」(Hobson 1909a, 6-7) と述べていることから分かるように，議会改革の遅れが現状を維持させており，新しい自由主義に基づく国家の成立を遅らせている，とホブスンは指摘するのである．

　国民が求める社会改革を実施するためには，さらに議会改革を推し進めることが不可欠であり，それによって余剰を税源とする公的収入を増大させると同時に，それを再分配して国民の生活水準を向上させ，その結果，浪費が減少することになる．その役割を担うのが新しい自由主義に基づく国家を成立させることになろう．

3. 国家の役割 ── 新しい自由主義の展望 ──

ホブスンは国家の役割を考察するにあたって,「社会的効用 (Social utility)」という概念を導入する[39]. なぜ価格や生産量ではなく社会的効用という概念を用いたのであろうか.「価値判断の基準は, 現在の個人的満足ではなく, 社会的効用でなければならない」(Hobson [1901a] 1996, 87) と強調していることから分かるように, この用語を使用することは論理的なことであるとホブスンは言うのである.

国家という国民の集合体を検討する場合, 国民所得あるいは GDP という概念が通常用いられるが, ホブスンはこの概念が生産物の数量を示すだけであり, その質的内容を示すには不十分だと考え, それを社会的効用という用語に置き換えたのである. つまり,「貨幣を価値基準として取り込み, 人間が富を作り出す手段と考える科学は, 本質的に, 社会問題を構成する奥深く, 複雑な人間問題と向き合うことができない」(Hobson [1901a] 1996, 38) のであって, 価格は社会問題の質的側面を取り扱えないと主張している.

要するに, ホブスンは国家を論ずるにあたって, 国民の厚生を計測するには, 効用という概念が最適な基準であり, 価格という基準では不十分だと考えていたのである[40].「経済学を人間的富の科学へと転換するため, 2つの根本的変化が必要である. 第1は貨幣の廃止であり, そして第2は富の基準としての社会的効用を用いることである」(Hobson [1901a] 1996, 39) 訳であって, 富の質的側面を重視しなければならないと言うのである.

---

39) 社会的効用について,「社会的効用の内容は, 事実や事実の法則について, 知識が継続性という事実の法則と協調して実行でき, 将来を築く割合に応じて, 行動のため真実で, 合法的なものとなるであろう」(Hobson [1901a] 1996, 281) とホブスンはその用語を用いることの合法性を主張する.

40) ホブスンは,「研究の主題にとって望ましいことは, 実際の処置方法という問題に直面したときはいつでも, 私が選択した社会的効用は, 政治哲学者, 学派や彼らが忠義立てするよう教示された専門用語がどのようなものであれ, 必然的に効用という言葉を用いるという事実を基礎としている」(Hobson [1901a] 1996, 64) と述べていることから分かるように, 価格よりも効用という用語を用いて国家像を創造しようとしている.

全般的意思が作用できないため，どんな場所，どんな時代でも社会的効用の意味に関するある合意が存在する．社会の構成員が同じ性質・習慣・教育・制度そして見解を持っている限り，彼らは何が社会的幸福のためになるかについて共通認識を持っており，増加した経験と知性がそれをより実際的で役立つ規則にする．社会的効用という用語のより明確で先見性のある解釈は，すべての倫理的研究の第1目標であり，同時にそうした研究は経済的・政治的であることが分かる．(Hobson［1901a］1996, 69)

つまり，「獲得し，使うという科学から社会的善という言葉で表せる人間的努力と満足という分かりやすい科学への拡大である」(Hobson［1901a］1996, 52）と主張することから分かるように，ホブスンは，経済学の範囲を拡大しようとしたのである．この拡大は，貨幣を主観的な効用という基準に置き換え，次にこの基準を社会へ適用し，最終的には，社会全体の社会的効用へと集約したものから，個人と社会の調整を図ろうとしたと言えよう．つまり，「第1は貨幣の客観的な市場基準から，現在の個人的評価の価値判断による努力や満足という主観的な人間基準への代替である．次に，この不完全な価値基準を全体として考えた個人生活の真の善や富に照合して調整することである．最後に，最終的基準として社会的効用や満足を利用して個人の善と社会の善を調和させることである」(Hobson［1901a］1996, 39)．

ホブスンが国家の経済活動を社会的効用によって示したとしても，「正確に説明したこの用語［社会的効用］は活動の望ましい目的として見られる社会的善の描写に最も便利なように思われる」(Hobson［1901a］1996, 64）という訳であるから，この表示は何の問題も発生しないと言うのである．

社会的効用は，通常，その生産者に公平に分配されるはずであるが，実際には公平な分配が行われていない．その場合，国家が公平に分配されていない社会的効用を受け取り，それを国民全体に公平に分配する役割を負うことになる．これがホブスンの言うところの「国家の役割」である．この役割は，国家が所得再分配に介入できる権利を持つことの必然性を示している．「広く一般に適用される厳密な教義が主張されるけれども，正しい経済的分配，人口，公的産業，帝国の拡大等の手に負えない問題に適用されれば，社会的

効用を人に納得させ，分かりやすい分析をもたらす．すべての人々が有機体的組織体としての社会観を受け入れることにより，本質的な概念の一貫性から示された社会成長にある種の法則が認められる」(Hobson [1901a] 1996, vi) と述べているように，自由放任的自由主義の国家と全く異なった形態の「国家像」，すなわち国家介入という新しい自由主義に基づく国家を示したと言えよう．

　分配されない社会的効用とはどのようなものであろうか．この部分は，「レント論」における強制レント＝強制利益＝不生産的余剰から構成されており，一部には差額レント＝差額利益＝生産的余剰が含まれており，「過少消費説」で定義した余剰から成り立っている．とすれば，ホブスンの新しい自由主義に基づく国家は「レント論」や「過少消費説」を基礎として説明することが可能である．要するに，国家は「レント論」や「過少消費説」で解明された余剰を強制的に徴収し，それらを再分配して社会問題の解消を推進する主体になるのである．

　「新自由主義が旧自由主義と異なるのは，民主主義のトライアッドである自由，平等，友愛の中では浮いて見える平等に積極的な意味を与えることをねらって，重要な経済的改革の必要をよりはっきり構想に入れた点にあった」(Hobson 1938, 52：訳 47) と述べていることから分かるように，新しい自由主義に基づく国家＝政府が機会均等を実現するための活動・施策を実行する主体である，とホブスンは捉えている．国家＝政府の活動が拡大すれば，強制レント，強制利益，不生産的余剰，名目的な貯蓄が減少し，逆に，限界レント，差額レント，差額利益，生産的余剰，実質的な貯蓄が増加するため，結果として浪費が減少し，機会均等をはじめとする自由，平等が実現することになる．国家の役割を増加させることは，「生産的・消費的統一体とみなされる社会厚生に対する保障として広く受け入れられた自由放任理論に対する反逆」(Hobson 1938, 38：訳 34) であると指摘しているように，新しい自由主義に基づく国家が政治的・経済的に干渉を行うことを認めることになる．つまり，国家の役割が増加することは，自由放任的自由主義を否定することであり，自由主義に基づいた新しい国家観を創造することに他ならないのである．

国家の役割を拡大することは自由放任的自由主義における「小さな政府」と対峙することになるが，しかしこの考え方は全く新たに創造された革新的概念ではなく，古くから存在していた．「新しい社会・経済政策は資産への攻撃を開始するものであるため，ウィッグ党より分岐したものとなろう」(Hobson 1909a, ix) という訳であるから，過剰な資産（強制レント，強制利益，不生産的余剰，名目的な貯蓄から発生した資産）の蓄積を防ぐことを主眼にした自由主義の継続に過ぎない，とホブスンは言う．言い換えれば，「政策に突然の変化が求められていないことは事実である．つまり，古い個人主義は以前から公的活動のさまざまな拡大を受け入れていたのであった」(Hobson 1909a, xi)．

ホブスンは，国家の役割の重視・拡大を求めていたとしても，自由主義に基づいた私有財産制度や競争的市場システムに一定の干渉を行うに過ぎず，自由主義の放棄，すなわち経済の社会主義化を目指したものではない[41]．要するに，「競争システムを廃止すること，すべての生産設備，分配，交換を社会化すること，さらにすべての労働者を公的奉公人にすることを目指しているのではない」(Hobson 1909a, 172) と述べているように，社会改革思想をともなった新しい自由主義は，国民の立場に立てば，社会主義よりもより効率的であり，機会均等をはじめとした自由や平等を実現しやすいシステムである，とホブスンは言うのである．したがって，新しい自由主義に基づく国家は，すべてを社会化しようとする社会主義思想の対極になるとともに，余剰の削減という役割を自由主義に付け加えることにより，自由主義を維持しつつ，浪費を抑え，国民の生活水準を向上させ，社会の発展を促進する役割を持つと言えよう．

この縮小しつつある党のかなり大きい部分は中道ともいうべきコースを採り，その5年計画に見られるように，基幹産業と金融の公的統制の制度化

---

41)「たとえ2つの立場の対立が，進歩主義的な教義から見れば，消滅する傾向があったとしても，おそらく主要な政策として国家の権限より個別の市民の自由を認める点において，自由主義は社会主義との区別を保ち続けるであろう」(Hobson 1909a, 93) という指摘から分かるように，ホブスンは新しい自由主義と社会主義の相違に言及している．

に全力を尽くし，また，公的管理を少数の全国的・都市的独占体に限定し，統制された産業においても細部の管理を私的なものとして残すことによって社会主義の非難を避けるような形で，公的サービスを拡大する進歩的自由主義を発展させようとしている．(Hobson 1938, 124-125：訳 113)

とすれば，国家の役割は，「最も緊急で，生産的な自由主義のすべての課題に対して，人々の道徳的，知的な自由の実質的啓蒙や実現である」(Hobson 1909a, 94) ことに他ならない．ホブスンの主張する国家は新しい自由主義に基づく国家であって，自由放任的自由主義の行き過ぎを社会改革によって是正する役割を増大するものである．「国家が個人，社会生活の新しい必要に応じて，経済的，道徳的環境を整備することにより，自己啓発や各種社会サービスを市民に提供しなければならないということが明らかになれば，前世代の自由主義と無関係になる．現在，他の先進工業諸国と同様に，イギリスにおいても，積極的で，建設的な経済的提案が要求されている」(Hobson 1909a, 3) との指摘から分かるように，国家に課せられた義務は国民の自由と平等を保障し，生産性や国民の生活水準を向上させるため，積極的に経済政策や政治改革を推し進めることである．

要するに，国家＝政府の役割あるいは義務が，国民の生活水準の向上や浪費の削減を目指す社会改革を推進することであるならば，これを実施する公的収入を余剰（強制レント，強制利益，不生産的余剰，名目的な貯蓄）に求めることに異論がないということである．すなわち，土地のレントや価値への直接税や累進課税はこの政策と調和することになる (Hobson [1896] 1992, 102)．「個別の市民にとって機会均等としての自由の実現を求めるにあたって，機会の領域や内容が継続的に変化するのと同様，自由主義の理念についての古くから制限された考えも常に進歩しなければならない」(Hobson 1909a, 93) という訳であるから，国家の役割の拡大は，発展を求める経済社会の要請に他ならないため，課税対象の拡大は国民の要求から発生したと言えよう．

国家＝政府の役割が増加するとともに公的収入の増加をもたらす．国家の収入の増大は，余剰（強制レント，強制利益，不生産的余剰，名目的な貯蓄）

へ従来以上に課税することからもたらされる．もし議会が新たな課税を決定したならば，政府は財政上の問題，すなわち収入源の確保に口を挟むことができなくなる．つまり，国家の役割の増大は経済政策と政治改革を同時に行うことに他ならないとホブスンは言うのである．つまり，「予算案の条項について，相続税と所得税の高率化，課税対象となる能力の規準としての富［余剰］の源泉への精査を明示することについて，彼ら［特定の階級の人々］は災いの前兆と見ている．勤労所得と不労所得そして勤労財産と不労財産の本質的な区別が理論としてだけではなく，公共政策の主要な原理として受け入れられたならば，進歩的な社会改革の資金調達手段として適用され，抵抗は間に合わないであろう」(Hobson 1909a, x).

「財政について議会間で争うという憲法改革の問題の背景には，社会改革政策があることを認識した上で，市民を富者や私的企業の悪弊から守り，根本的な経済的・知的機会均等を提供することは近代国家の発展を示している」(Hobson 1909a, xiii) と述べているように，政府の役割の拡大は，近代国家として社会問題と対峙しようという姿勢を示したものであり，機会均等，自由と平等の実現とともに，浪費の削減という目標を国家が掲げていることを示している，とホブスンが主張できることになる．

以上の考察をまとめれば，次のように言えるだろう．ホブスンは，「レント論」や「過少消費説」で解明した余剰が，具体的にどのような弊害をもたらすかを社会改革の思想で展開した．社会改革の思想は広範にわたっているが，ここで検討した失業対策，貧困対策という経済政策や私有財産制度の修正と社会立法，教育改革，議会改革という政治改革，さらに国家の役割の基底には，余剰をどのようにして削減し，その削減した余剰を国民にどのように再分配して，自由と平等の実現，生産性や国民の生活水準の向上と結びつけるかという問題意識が，ホブスンの社会改革の思想に一貫していたことを示している．逆に言えば，社会改革の思想の基底には，常に理論的基礎としての「レント論」や「過少消費説」が存在することを，ホブスンは浮き彫りにしたという訳である．

第5章　新自由主義思想における
　　　　ホブスンの歴史的位置と意義

　以上第1章から第4章まで，ホブスンの理論体系の形成過程や社会改革の思想を検討してきたが，これを踏まえた上で，ホブスンの新自由主義的改革思想が何を目的として形成され，どのような歴史的意義を持つものであったかという問題に取り組もう．もとより，新自由主義とは歴史的・政治的過程から国家の推移を検討・検証したものであるが，そのなかでホブスンの経済理論や社会改革がどのような役割を持っていたかを検討しようということである．

　イギリスは，19世紀後半から20世紀半ばまで，政治・経済思想の変革の渦中にあった．この変革は，自由主義思想の歴史的展開であり，新自由主義思想の形成である．これらの変革の概要はすでに前4章で述べたものであるが，それらの根底にあった思想が新自由主義と呼ばれた．ホブスンによれば，「新自由主義」という用語が用いられたのは，1894年に創立されたレインボー・サークルという進歩的知識人の団体を母体として活動していたH. サミュエル（H. Samuel）らの若い自由主義者が，自らの運動の目的を明確に表すために用いた名称であり，それが新しい形態の思想運動として世間に公表されたのは，1896年9月，同サークルの機関紙 *Progressive Review* が創刊された時であったとされている（Hobson 1938, 51-52：訳46-47）．それはJ. ロック（J. Locke）以来スミス，J. ベンサム（J. Bentham）らによって展開されてきた古い自由主義，「個人主義的」自由主義の伝統の積極的側面を踏襲することを念頭におき，19世紀後半において自由放任的自由主義経済の帰結として噴出してきた社会問題の顕在化と社会主義運動の興隆に触発され，古い自由主義の歴史的な意義と役割の再検証を通して，新たな時代の課題への対応を可能にすべく自由主義思想の鍛え直しと再構築を試みた一群の思想運

動である（尾崎 1995, 17）．つまり，新自由主義思想は伝統的自由主義を新たな時代の社会問題に対応した形で，再構築するという一連の思想運動のことである．

この運動を代表する思想家はホブハウス，ホブスンらであり[1]，その後，経済改革や政治改革により社会制度の整備が進んだ1920年代の発展期そして完成期を代表するケインズの新自由主義思想へと続く．だが，なぜケインズが新自由主義の継承者なのであろうか．それはケインズが自由放任の放棄，国家社会主義と階級闘争の拒否，市場経済の修正，自由主義と穏健な労働者（ないし労働党）との同盟という点から改めて新自由主義の目指すべき政策を提起しているからである（岡田 1994, 262 注42）．

新自由主義は経済・司法・立法・行政・選挙制度等にわたる広範囲な改革を行うため，自由主義それ自体の改革を目指していたことに間違いはない．初期の段階では，特に，政治改革に重点を置いていた．しかし，新自由主義が自由主義自体を改革すると言っても，自由主義の基礎である私有財産制度や競争的市場システムは，依然として，社会が成立するための前提とされているのであって，この前提の放棄やすべてを社会化するという社会主義とは全く異なった思想であることに注意しなければならない（Hobson 1938, 126：訳114）．

新自由主義を検討するにあたっては，第1に，自由主義と新自由主義の相違はどこにあり，新自由主義そのものの内容とその目的は何であるのか，第

---

1) 新自由主義者と呼ばれている人々について，「新自由主義とよばれる思想潮流を担ったのは，一人の英雄ではなかった．『帝国主義』（1902年）の著者として名高いJ. A. ホブスン（J. A. Hobson）．『マンチェスター・ガーディアン』（*Manchester Gardian*）の編集者から，ロンドン大学の社会学教授に就任したL. T. ホブハウス（L. T. Hobhouse）．『マンチェスター・ガーディアン』の編集者C. P. スコット（C. P. Scott）．自由党の下院議員チャールズ・トレヴァリアン（Charles Trevelyan）．『ナショナル・リフォーマー』（*National Reformer*）の編集者で自由党議員でもあったJ. M. ロバートソン（J. M. Robertson）．自由党下院議員マスターマン（Masterman）．『デイリー・クロニクル』（*Daily Chronicle*），『ネイション』（*Nation*）の編集者H. W. マシンガム（H. W. Mashingham）．こうした一群の政治家やジャーナリストが，この新しい潮流の担い手であった」（岡田 1994, 253）と岡田はホブスンをはじめとして新自由主義者の名前を具体的に挙げている．

2に，新自由主義がどのように継承されたか，そして第3に，新自由主義を再評価する意義は何であり，その具体的内容とは何かということを問わなければならない．第1の疑問に対しては，ホブスンに代表される最初の新自由主義者の提言の内容と意義について，ホブスンの新自由主義を検討することによって解明されるであろう．第2の疑問に対しては，世界恐慌直前に主張されたケインズの新自由主義を検討することを通して，ホブスン以降の新自由主義の内容と意義を検討することによって解明されるであろう．第3の疑問に対しては，クラークやフリーデンに代表される新自由主義の再評価を通して解明されよう．したがって，本章は，1.「ホブスンの新自由主義」，2.「ケインズの新自由主義」，3.「新自由主義の再評価 —— クラークとフリーデンの所説を中心に —— 」という構成で，ホブスンが目指した新自由主義思想の歴史的意義を浮き彫りにしよう．

1. ホブスンの新自由主義

19世紀後半から20世紀初頭にかけてのイギリスでは，自由放任的自由主義の教義を受け入れる人々，すなわち既得権益者が多数存在していた．彼らは自己の既得権益を確保するという立場から，その教義の変革を望まず，また政治的・経済的にも巨大な権力を掌握していたため，改革を推し進めることは難しかった (Hobson 1909a, vii-viii)．しかし，保守党等が政治改革を押し進めたため，現実のイギリスの政治・経済社会では，社会問題に対する公的活動が拡大・充実しつつあったという葛藤が顕在化していた．そのような，理論と現実の相違が認識されない社会においては，社会的・政治的・経済的アンバランスが現実の危機的状態を発生させるのは必然的なことであった．

こうした伝統的な自由主義の危機に対して，ホブスンは自由主義の伝統的な観念を再解釈することから始め，そこに含意されている自由の積極的な概念を強調した．つまり，社会再建を目指す社会改革への主体的・意識的な取り組みの基礎として自由を捉え直したものが新自由主義であったと言えよう (安保1982, 107-108)．ホブスンの新自由主義思想は，古い自由主義，つまり「古典的」自由主義が自由放任を基本とした自由・平等・友愛の実現を目指

していたのに対して，国家の介入による自由・平等・友愛の実現を目指しており，特に「国家介入」による平等の実現に重点を置いたという点に特徴がある．

「古い自由主義の継続性を最も示しているという観点からすると，新自由主義は自己啓発のために機会均等の提供を含む個人の自由について正しく認識し，理解することのように思われる」(Hobson 1909a, xii) というホブスンの主張から分かるように，新自由主義は私有財産制度や競争的市場システムを前提にしており，自由主義の延長線上にあることになる．だが，ホブスンは新自由主義の立場から取り組むべき社会改革は，建設的でより進歩した自由の概念に基づく改革，すなわち機会均等の獲得でなければならないと主張しているのであって，古い自由主義に基づく保守的な社会改革とは一線を画していた（安保 1982, 106）．加えて，経済的・社会的な関心からこの問題が取り上げられたとしても，新自由主義を単なる政治戦略としてではなく，新しい経済社会の建設を目指した社会刷新の構想として提起したことになると言える（安保 1982, 105-106）[2]．

ホブスンは経済人の想定とともに，経済人の集合体として社会が構成されていることを否定する．要するに，個人の行動と社会の行動が一致しないという「合成の誤謬」が発生する社会観を提示したのである．個人間に能力・知力・貧富・身体的強度等さまざまな相違がある社会を想定していたのである[3]．

社会がそのような個人から構成されていたとしても，「これらの組織体のどんな公的意見であれ，異なる意見を素直に同化することにより作られ，共通の意識の形成を意味している」(Hobson 1909a, 75) と述べていることから分かるように，ホブスンの主張する有機体的組織体という概念[4]は国家という組織の意思・考え方・感情に共通していると言うのである[5]．すなわち「社会は共通の精神的生活，性質や目的を持っており，その個別の構成員の

---

2) 同様の主張は Clarke（[1978] 2007）と Freeden（1978）にも見られる．
3) ホブスンは，「より広く社会問題を示すにあたって，個人，階級，人種の相違を考えた考察が必要である」(Hobson [1901a] 1996, 5) と述べていることから分かるように，社会の構成員の質的相違を前提にしている．

生活，性質や目的に還元できないという意味で，道徳的合理性を持った有機体的組織体であるとみなされる」(Hobson 1909a, 73) と指摘していることから分かるように，社会は有機体的組織体として存在することになる[6]．

> 国民の間でともに考え，感じ，活動するという習慣によって，それらの意見が，すべての組織体としての政治の目的へと導く考え方や感情によって支配される1つの意見にまとまるならば，精神的・道徳的側面で社会的有機体的組織体として承認を得ることになる．(Hobson 1909a, 76)

したがって，ホブスンは，「それぞれが自己の力に応じて，それぞれが必要に応じて，ということが十分な有機的公式である」(Hobson 1909a, 81) と主張できるのである．

ホブスンは，有機体的組織体の概念を政治にも適用し，「政治的有機体的組織体としての社会の概念は，国家に組み入れられた社会の全般的意思と知恵が，納税者に，干渉という権利を認めることなく，租税によって集められたすべての社会的財産の最良な社会的利用に決定することを強要する」(Hobson 1909a, 77) と述べているように，ホブスンの新しい自由主義は国家の役割を明確に示すことができる[7]．加えて，有機体的組織体としての政治

---

4) なぜ有機体的組織論を社会分析に適用したかについて，「近年の生物学的研究が社会を，その物的側面さえも，有機体的組織体として見る傾向が強くなったということは大いに認められている」(Hobson 1909a, 71) からであり，「有機体的組織体として人間社会を言うかどうかについての問題は，定義上，大いに役立つのである」(Hobson 1909a, 71) とホブスンが述べている．
5) 「社会問題を認めることは品性と社会的状況との正しい関係について決して早まった判断ではない．むしろその利点は，産業的なものから道徳的・知性的な力に必然的に方向を変える際に，一見別々な産業的原因と道徳的な原因の同一性を明確に，十分納得できるように認められるということである」(Hobson [1901a] 1996, 16) と主張していることから分かるように，ホブスンは原因に多様性があったとしても結果としては同一性が発生すると主張する．
6) 「一見に反して，感情・考え方・意思における人間の精神が分離していないということは十分に根拠がある」(Hobson 1909a, 74) ということになる．
7) ホブスンは有機体的組織論を道徳にも適用し，「道徳的有機体的組織体としての社会の概念は，政治社会の構成員が，すべての意見に基づいて，社会の活動を決定するその他すべてと同じ力に対する固有の権利を持っているという政治的平等についての古い民主主義的概念を否定することは全く明白である」(Hobson 1909a, 77) と言う．

機構が社会のニーズに対応して行動すべきであると主張する[8]．つまり，「しかし提案・抗議・拒否権の行使そして反抗という権利を，構成員に認めることは有機体的組織体の利点である．権利を個別の構成員に残しておき，有機体的組織体としての社会という見解を受け入れるならば，それらを守らせるための政治機構が存在しなければならない」(Hobson 1909a, 82) という訳である．

要するに，ホブスンは，社会が個人の集合体であるにしても，社会を構成する個々人が相互に関連している点を重視し，社会を有機体的組織体とみなしている[9]．有機体的社会にあっては国家＝政府は社会の代理人に過ぎないのであるが，自由放任的自由主義に比較すれば，代理人としての国家の役割が大きくなり，国民の生活水準の向上や浪費を減少させるという重要な役割を担うことになる[10]．

ホブスンの新自由主義の理論的根拠が有機体的組織論と歴史的継続性であったとしても，第4章で検討したように，ホブスンは新自由主義が社会改革の思想と密接に関連したものであると言う．つまり，「国家が個人，社会生活

---

8) 有機体的組織体としての政治と民主主義の関係について，「真の民主主義は，真の有機体的組織体としての社会が，その知性と意思に気付き，民主主義の本質である自己抑制ができ，その名称に値する唯一の自由と平等を手に入れた時だけ可能になる」(Hobson 1909a, 87) ということから分かるように，政治が有機体的組織体として機能することが民主主義実現の鍵であるとホブスンは主張する．その結果，「社会の有機的見解が受け入れられるなら，これらの考察は一見なくなったと思われる，多くの実質的な自由と平等を復活させる」(Hobson 1909a, 83) ことになる．

9) ホブスンは，「精神的連帯感は，人々の意思の有機的関係を考慮することなく，個々人の意思による異なる行動によって社会を統合したものと考えている」(Hobson 1909a, 207) ということから分かるように，有機体的社会における社会と個人の関係の相違を指摘する．加えて，自由放任的自由主義は社会と個人がほぼ一体化していると捉えており，国民すべてが同一の考えを持っていると想定しているが，実際にはそうした関連性はないという主張から，「より建設的で，より進化的な，自由についての見解はこの運動に必要な活気を与えるために必要である．つまり，個人，階級，性別，国民を社会的習慣から解放するというすべての主張は，これまで完全とみなされていた教義やそれへの支持を再度非難する」(Hobson 1909a, 93) と言うのである．

10)「自由主義は，個人の生活と私的企業との関係についての国家の新しい概念を含む課題に形式をゆだねた」(Hobson 1909a, xii) ため，古い自由主義は国家の役割を形式的に考えるだけであって，実際に国家の役割の重要性に気付いていない，とホブスンは言うのである．

の新しい必要に応じて，経済的，道徳的環境を整備することにより，自己啓発や各種社会サービスを市民に提供しなければならないということが明らかになれば，前世代の自由主義と無関係になる．現在，他の先進工業諸国と同様に，イギリスにおいても，積極的で，建設的な経済的提案が要求されている」(Hobson 1909a, 3) と主張していることから分かるように，ホブスンは自由放任的国家ではなく，積極的に社会改革を推し進めて社会問題を解消する建設的な国家でなければならない，と言うのである．すなわち，国家が主体となり，機会均等を実現し，浪費を削減し，生産性や国民全体の生活水準を向上させるために，各種の社会サービスの提供を増加することが新自由主義の目的であるという主張である．

「法律上また経済上の特権が競争を妨げ，無効にしているのは経済的事実である．これらが下層階級の人々の卑しい労苦や貧困，上流階級の人々の卑しい怠惰や贅沢の原因になっている」(Hobson 1909a, 4) から，いまだに残存している経済的不平等の解消を目指す根本的政策や改革が実施されないならば，それらの実施を要求する政治的圧力がより一層増大することになると言うことができる[11]．言い換えれば，有機体的組織体という観点からは，新自由主義は経済的不平等が存在する限り，経済と政治の密接な関係が存在するため，政治改革を求める圧力を増加させる必要があると言える．

要するに，ホブスンは私有財産制度と競争的市場システムから構成されている自由主義を維持しつつ，社会・政治・経済の全体にわたる危機に対応するため，有機体的組織論と歴史的継続性という理論を導入し，国家の役割を重視したのである．ホブスンが自由放任的自由主義や社会主義を批判した根拠は，ここに集約される．したがって，ホブスンの新自由主義の思想は，19世紀後半から20世紀初頭に発生した危機に対して，新しい国家の役割を導

---

11) ホブスンは，「経済的自由への妨害」について，「このような妨害は何であろうか．主として，政治的活動にともなう，ある有利な地位に付随した経済的利益から成り立っている．私が示唆した提言は，自分たちが得ている利益にとって有害であると信じる強力な政党や階級の，公然あるいは暗黙の反対に直面するため，社会改革は一連の選挙，立法，行政そして司法の過程を通して戦い進まなければならない」(Hobson 1909a, 5) と述べ，このような妨害には対抗すべきであると主張している．

入することにより，政治的・経済的・社会的問題の解決策を提供するものであったと言える．

だが，ホブスンの主張した新自由主義はあくまでも草創期の新自由主義である．19世紀後半から20世紀初頭の危機に対応した全体的，網羅的，包括的，具体的な主張ではあったが，新自由主義を体系的に理解する上では，その後社会制度の整備が進んだ，1920年代の新自由主義の意義にもさらに歩を進める必要がある．

2. ケインズの新自由主義

ホブスンの時代とは異なり，社会制度の整備が進んだ時期に，国家の役割を重視したケインズの一連の新自由主義的政策提言は，1925年から発表された[12]．つまり，「市民的自由と宗教的自由，参政権，アイルランド問題，イギリス属領の政治的自立，イギリス上院の権限，所得・財産の累進課税，疾病・失業や老齢者，教育・住宅建設・公衆衛生という社会改革に対する公的収入の十分な支出」(Keynes [1925] 1972, 297-298：訳357-358) が実施され，「伝統的形態でのこの問題 [土地問題] は，それが変化したため，政治的重要性を持たなくなった」(Keynes [1925] 1972, 298：訳358) という，ホブスンが問題の対象としたものが消滅した時代背景を考慮すれば，草創期のホブスンと発展期あるいは完成期のケインズの新自由主義思想が異なっていて当然である[13]．ケインズは「自由主義の終焉」の中で新自由主義の分析対象を以下のように指摘する．

> 自由放任を基礎に打ち立てられた形而上学的，一般的原理をその根拠から取り除こう．経済活動において，個々人が長年慣行的に自然的自由を所有していることは真実ではない．持っている人や獲得している人に永久の権

---

12) ケインズの新自由主義については，Dostalar (2004, ch. 3)，八田 (1998)，平井 (2003, 第5章)，高 (2004, 終章) を参照のこと．またケインズ自身は，Keynes ([1925] 1972, [1926a] 1972, [1926b] 1972) において新自由主義に言及している．

13) ホブスンとケインズの新自由主義や経済理論の関係は，Clarke ([1978] 2007, 1998) が詳しい．

利を与えるような契約はない．私的，公的利益が常に一致するようには，この社会は天上から管理されていない．実際問題として，この社会は，両者が一致するように運営されていない．啓発された利己心が常に公的利益をもたらすというのは，経済学の諸原理から正当に演繹されたものではない．また，利己心が一般的に啓発されているというのも正しくない．個別の目的を達成するように行動する個々人が，あまりに無知で無力であるため，これらさえあまり達成ができない．個々人が社会単位を形成するならば，彼らが別々に行動するのに比べて，明晰さに欠けているということを経験的に何ら示していない．(Keynes [1926b] 1972, 287-288：訳344)

この指摘は，国家＝政府の活動の拡大とともに，私的経済活動の規制の不可避性を示している．要するに，ケインズの新自由主義の提唱は，現実に存在している特定の階級の既得権益を守るための経済的無政府状態（自由放任の状態）から脱して，国家の役割は社会公正と安定を目指すというものである．基本的には，私有財産制度と市場システムを前提にした自由主義を，彼の時代の要請に対応した新自由主義に変換することを目的としていた[14]．

「経済的無政府状態から，社会公正と社会的安定のために経済力を制御・監督することを熟慮して目指すような体制への移行は，技術的にも政治的にも，計り知れない困難をともなうことになろう．しかしながら，私は，新自由主義の真の目的がその解決を求めることにあると提言する」(Keynes [1926b] 1972, 305：訳366) と主張していることから分かるように，ケインズの新自由主義は，私有財産制度と競争的市場システムを前提にした自由主義を継続させるための手段であった．つまり，自由主義を維持するために，政治問題は，経済効率，社会公正，個人的自由の実現という点に絞り込まれて

---

14) ケインズは「1870年にロンドンのユニバーシティ・カレッジでの政治経済学と自由放任の序講で，ケアンズ（Cairnes）は，おそらく，自由放任主義全般に対して正面から攻撃した最初の正統派経済学者である」(Keynes [1926b] 1972, 281-282：訳336-337) と述べ，自由放任主義の批判という意味での新自由主義の発想が，ホブスンやホブハウスの主張より前に指摘された問題であり，すべての経済学者がこの考えを共通認識していたと主張している．すなわちケインズは，新自由主義思想はホブスンやホブハウス以前から存在し，経済学者全員が共有した思想であったという意味で，ホブスンやホブハウスの主張は何も目新しい主張ではないと考えていた．

いた．言い換えれば，政治的自由が保障され，私有財産制度と競争的市場システムを前提にした自由主義を発展させる新自由主義思想に則った政治体制の維持を強調するとともに，社会主義体制への移行を否定しているということである．「人類の政治問題は，経済効率，社会正義，個人的自由という3つの事柄が組み合わさったものである．第1は，批判と予防策と，技術的知識を必要とする．第2は，利他的で，情熱的精神から，普通の人間を愛することである．第3は，すべてを超えた寛大さ，見解の広さ，多様性と独立性という長所への評価から，他人とは異なる人や高い望みを抱いている人に，自由な機会を選択させるものである．第2の要素は，プロレタリアートの大政党が最も多く所有している．しかし第1と第3は，伝統と昔からの共感により，経済的個人主義と社会的自由の発祥地であるという政党の優位性を必要とする」（Keynes [1925] 1972, 311：訳 374-375）訳であるから，最終的には，政治問題は経済的個人主義と自由主義を保障する形で解決しなければならない，とケインズは指摘している．

　ケインズにとって，現代の問題は，平和主義と軍備あるいは戦争の関係という平和問題，これまで回避してきた数多くの政府の義務をこれから実行しなければならないという政府の問題，産児制限・婚姻法規・性犯罪・女性の経済的地位・家族の経済的地位についての法律や通説がいまだに中世的であるという性問題，アルコール中毒問題や賭博営業の禁止を含めた麻薬問題，経済諸力の作用を適正化するための制限を行い，社会的安定と社会公正を実現させるという経済問題，という5つであった（Keynes [1925] 1972, 301-306：訳 362-368）．加えて，ケインズは，中央銀行による通貨や信用の管理，および企業の事業状況の公開という対策，社会全体として望ましい貯蓄の規模や分配についての理性的判断，人口の規模についての国家的政策，という3点を国家がなすべきこと，すなわち経済政策の主要課題であると指摘していた．

　民主政治を実施する要は，私的利益の獲得に終始する議会運営を廃止することであるため，議会をはじめとする各種団体の行動基準を設けて，その基準に沿う形でそれらが運営されるように規制することにある．ケインズは，民主政治の発展が国家内の半自治的団体の成長と承認にあり，また，その団

体は公共財を提供するから，私的利益の諸動機が排除され，団体は議会を通じて民主主義の最高政治権力の最終的な頼みの綱になる傾向があると言う(Keynes [1926b] 1972, 288-289：訳 345-346)．つまり，国家が自由主義あるいは民主政治を維持するために，私有財産制度と競争的市場システムに干渉すること，すなわち国家の役割の増大により，自由と公平を目指した，利他的で，無私の政治が実現できると言うのである．

このように，ケインズの新自由主義の思想も，ホブスンのそれと同様に，個人的なものから社会的なものへとその対象を拡大することを意味しており，国家の役割の増加によって，国家がどのようにしてこれらの問題に対応するかという基本点は一致していると考えられよう．しかし，ホブスンの時代とケインズの時代の新自由主義は，国家が行う干渉の範囲が異なっていることに注意しなければならない[15]．前者は個人的政治・経済の問題を社会問題として取り上げることに重点が置かれていたが，後者は公共財をどのように提供するかという点に重点が置かれているからである．

「国家の役割」について，ホブスンは古い自由主義では見向きもされなかった経済政策や政治改革を行うことが国家の役割であり，国家の役割が政治的・経済的に大きくなれば，現実に発生している貧困，失業，不平等などの社会問題を解決できると主張する．ケインズは政府がすべきこととすべきではないことの2つの範疇から国家の役割を分析している．つまり国家の役割は個人の経済活動以外の経済活動や，私的に行われない経済活動を実施することであると言う．

国家の干渉については，ホブスンは私有財産制度と競争的市場システムを前提に，社会問題を解消できるように政治・経済両面からこれらに修正を加えることが「干渉」であると主張しているのに対し，ケインズは経済効率を高めるという目的にしたがい，個人や私的企業が実行できない経済活動を経済政策として実施することが「干渉」になると主張する．

---

15) ケインズは，「人類の政治問題は，経済効率，社会正義，個人的自由という3つの事柄が組み合わさったものである」(Keynes [1926a] 1972, 311：訳 374) と，時代が要請する政治課題を位置付ける．

したがって，ホブスンの言う国家の干渉は，私有財産制度や競争的市場システムを維持しつつ，平等を実現するため，それから得られる既得権益者の余剰を国民全体に還元するシステムであった．これに対し，ケインズの新自由主義は，現実に不足している問題を解消するのは無論のことであるが，国民が必要としているにもかかわらず提供できていない問題を解消するために，国家の役割の増加や国家の干渉を求めている点に特徴がある．この問題は具体的には公共財の問題である[16]．公共財はいつでも誰もが利用できる財，つまり私的な経済活動では生産されない非排除性と非競合性という特徴を持つ財であるから，国家が提供しなければならない．ケインズは公共財の提供が国家の最重要な役割であると指摘している．

　次に，近い将来にすべき，緊急で，望ましいことに大いに関連する議題についての基準である．術語的に言えば，サービスを個人的なものから社会的なものに区別しなければならない．国家の最も重要な議題は，誰も行わない決定について私的な個人がすでに実行している活動に関係しているというのではなく，個人の範囲外にある役割に関連するものである．政府にとって重要なことは，個人がすでに実行している事柄を行うということではなく，現在全く個人が行っていないことである．(Keynes [1926b] 1972, 291：訳 348)

要するに，ケインズの新自由主義は，私有財産制度と競争的市場システムを前提にした自由主義を発展させるという基本的なスタンスにおいて，ホブスンの新自由主義と同一の問題意識に立っていた．だが，ホブスンの新自由主義が全体的で，包括的で，具体的であったにもかかわらず，それをすべて実行できていなかったのに対して，ケインズは，社会制度が確立した時期の新自由主義であるため，すなわち政治上の課題が民主政治の枠内で解決でき，経済課題も明確になっていたという充実した制度が前提であったから，ホブスンよりもさらに具体的で，実現可能な社会改革を提言できたと言えるであろう．

---

16) ホブスンも公共財について述べている (Hobson [1901a] 1996, 174-176)．

3. 新自由主義の再評価 —— クラークとフリーデンの所説を中心に ——

　1970年代に始まる新自由主義の再評価は，19世紀後半から20世紀初頭に至るイギリスの社会改革を通じて行われた，政治機構・選挙制度・政党等の質的変革や知的活動の歴史的変化の潮流を再検討するものであった．1970年代に現れるホブスンの総合的研究も，この潮流の一端である．
　A. J. F. リー（A. J. F. Lee）はロンドン大学にホブスンの社会経済思想についての長大なPh. D. 論文を提出した．全文787ページでホブスンの著書98点，論文658点，パンフレット，新聞記事，委員会報告，講演を調査し，ホブスンの社会経済思想の全体像を浮き彫りにした．リーによれば，ホブスンの思想は理想主義と進化論的実証主義が結びついた社会哲学の一貫性を持つもので，これに基づく「社会有機体」の考えと「余剰」の考えが結びついたものであった（姫野 1986, 2）．
　加えて，最近のホブスンの研究の特徴は，新自由主義とホブスンの経済理論や社会改革思想の関連性を重視する点にある．この新自由主義への関心は，1974年のクラークの論文が発表されたことに触発されて広がってきた．クラークは世紀転換期の社会改革の質的変化に注目し，自由党を支えるランカシャーの選挙基盤の変化と，これを支える世論・思想としての新自由主義の存在に注意を喚起した（Clarke 1974）．このクラークの問題提起を受けとめたエミィは，1892年から1914年の政治，選挙制度，自由党，政策史の検討を通じて新自由主義の潮流の重要性を認め，政治の変化，個人の政策への関わりの変化を促す，社会・経済思想の運動を理解する必要性を強調した（Emy 1973）．この問題提起を受けてP. ワイラーはホブハウスについて（Weiler 1982），フリーデンはホブスンについて（Freeden 1973），それぞれ新自由主義の思想家・理論家としての側面・特質を再評価した．ワイラーもフリーデンも新自由主義を歴史的知的運動として受け止め，この社会改革の新潮流のなかにホブハウス，ホブスンの新自由主義思想としての特徴を位置付けた．また，S. コリーニも社会学的観点から新自由主義を再検討している（Collini 1979），という状況である（姫野 1986, 1-2）．

本節ではこのような研究動向を念頭に置いた上で，1970年代に主張された新自由主義の再評価をクラークとフリーデンの所説に絞って検討し，両者の研究成果を前提としながら，改めて現代における新自由主義思想やホブスン研究が秘めている意義と課題を浮き彫りにしよう[17]．

クラークの新自由主義の再評価は，歴史面すなわち歴史的継続性という観点からのものであり，自由主義と新自由主義の関係が誤解されているという事実に注目して，両者が著しく異なっていることを証明しようというものである．クラークは，新自由主義は，科学における社会ダーウィン主義，経済学における自由放任，哲学における観念論，そして宗教における静寂主義という保守主義のイデオロギーに反抗することである (Clarke [1978] 2007, 145) とした．

つまり，自由主義は歴史的変化とともに，必然的に新自由主義へと変化したにもかかわらず，一般的には，新自由主義が自由主義の右派に位置付けられてきた点に，クラークの不満があった．自由主義が新自由主義に変貌した根拠は，以下の4つであると言う (Clarke [1978] 2007, 2)．第1に，多くの自由党員は，1886年以降は自由主義的労働組合員であった．第2に，新自由主義者や新自由主義の影響力は，フェビアン主義者の影響力と同一視されていた．第3に，第1次大戦の時期以降，自由党員は最も偏屈な主張をする傾向があった．第4に，最初は，多数の自由党員が自分たちを急進派とみなしていたが，後年，彼らは保守的傾向を増した．要するに，クラークは，歴史的観点から，これらの根拠を否定することが新自由主義の再評価に繋がると考えたのである．

したがって，クラークの解釈によれば，新自由主義は自由主義の不備を補うために発展した政治形態であるため，進化論的，倫理的論理を導入することによって，より機能的にその存在が容認されることになる (Clarke [1978] 2007, 49-50)．つまり，「権力にしたがう者から自分の欲求にしたがう者までというのは，ホブスンがこの意味することに留めようとする教訓である．彼

---

17) クラークとフリーデンの所見については，安保 (1982)，岡田 (1991, 1994)，姫野 (1986) が詳しい．

は，いつも，それを有機体的組織体の法則あるいは完全な有機体的組織体の公式と呼んでいる」(Clarke [1978] 2007, 50) という指摘から分かるように，進化論的な立場からホブスンの有機体的組織論を理解することが，ホブスンの思想を再構成する上でのポイントである，とクラークは解釈している．言い換えれば，新自由主義は，社会を進化論あるいは有機体的組織論を用いて，自由主義を再構築したものだという訳である．自由放任的自由主義が労働大衆に自由と平等を実現できない限り，その実現を目指す新自由主義は社会改革（各種の経済政策や政治改革を含む）を行うことになる．

　クラークは新自由主義者としてのホブスン評価について，有機体的組織論と歴史的継続性を基底に，社会構成員全体の自由と平等を実現する手段として，新自由主義を主張している点を評価している．ホブスンは，公平な思想家はこの思想を利用できる特権が与えられているため，利用した思想に対する思考結果を表明しなければならないと主張していた（Clarke [1978] 2007, 224）．ホブスンの新自由主義は人間の本性（あるいは有機体的組織論と言ってもよい）を基本に据えているため，その時代に特有な理論の範囲を超えている，とクラークはみなしていたのであろう．だが，「ホブスンの基本的立場は，経済学は倫理的思考を導入することにより，人間厚生の科学へと転換すべきということである」(Clarke [1978] 2007, 133) という主張から分かるように，クラークは新自由主義者としてのホブスンを認めるが，その新自由主義思想が経済学を転換しなければならないという意識に支えられていたことに，併せて注目している．

　歴史的継続性という面から捉えるならば，確かにホブスンは19世紀後半から20世紀初頭にかけての新自由主義者の代表者である．しかし，クラークは，ホブスンの新自由主義，経済理論，社会改革等の提唱に見られる多面性と，ケインズのそれを比較することにより[18]，それぞれの経済理論における見解や時代が要請していた政治課題の相違が，両者の新自由主義思想の相違となっているという，さらに注目すべき指摘を行っている．クラークは，

---

18) ケインズとホブスンの関係については Clarke（[1978] 2007, ch. 7 (III), (IV), 1998) を参照のこと．

歴史的継続性という観点からホブスンの新自由主義を再評価している．この歴史的継続性の重視が彼の特徴であるが，その反面，政治面や経済面を軽視しがちであるという弱点がある，と注目すべき指摘を行っている．

一方，フリーデンの新自由主義の再評価は政治面を中心に行われている．自由主義の内容・意義が継続的に研究されていたにもかかわらず，19世紀後半から20世紀初頭にかけてのイギリス政治の変化を分析する研究が行われていないという現状を打破し，それを解明することが新自由主義の再評価に繋がると言う．つまり，19世紀後半から20世紀初頭にかけてイギリス政治の変化を推し進めたのは，新自由主義の政治改革であって，この意義を理解することが，世紀転換期の政治の大転換を解明するとともに，19世紀の夜警国家的政治システムから現代政治システムへの橋渡しになるという主張である[19]．

要するに，現代イギリス政治思想の眼目をなす自由主義思想の変化を示す新自由主義に関する研究がほとんどない状態が今も続いているという現状を打破すること，すなわち新自由主義がイギリス政治思想史上の必然的かつ不可避的な発展過程の重要なエポックであり，そのターニング・ポイントであると理解する（Freeden 1978, vii），というのがフリーデンの立場である．自由を自己実現しようとする人間の理想的目標は，自身がその社会の構成要素であることに気付き，それを意識することによって，自由の実現を持ち続けるというところに新自由主義の意義がある，とフリーデンは言う（Freeden 1978, 259）．すなわち，「有機体的組織体と相互関連性，社会と個人の両者の利益に対する部分的な提携，相互責任の倫理的解釈としての相互関係，これらが新自由主義の中心的課題である」（Freeden 1978, 258）．加えて，フリーデンは，これまでT. H. グリーン（T. H. Green）が新自由主義の創設者として考えられてきたが，新自由主義の発展過程を検討すれば，新自由主義を

---

19) フリーデンは，「実に，イギリスの福祉国家の観点から，対抗するイデオロギー，保守主義や社会主義より優位さを持って出現したのが，世紀の変わり目の新自由主義である」（Freeden 1978, 1）と指摘していることから分かるように，世紀末の政治の大転換とそれに続く福祉国家の出現という観点から，新自由主義の果たした役割が大きいと言う．

押し進めた原動力がグリーンではなく，むしろホブスンやホブハウスの主張であったと指摘する[20]．新自由主義の本質は，私有財産制度や競争的市場システムという自由主義の根本思想を受け継いだものであり，自由主義を時代に対応した形に変化させただけであって根本的には自由主義の維持・発展であり，社会主義国家を目指した政治改革ではないと言うのである．新自由主義者は，国民の厚生と生活水準の向上を唯一の目的としているのであって，フェビアン主義者のように特定の階級（フェビアン主義者の場合は労働者である）の利益を代表する立場とは全く異なっている，とフリーデンは主張する．

　フリーデンは，ホブスンが有機体的組織論と歴史的継続性を基礎に，国民の自由と平等を実現するための手段として，新自由主義が持つ積極的意義を主張しているとし，それを実現するために社会改革を提唱する新自由主義の代表者としてのホブスンを評価していたのである．特に，ホブスンの有機体的組織論は観念論と生物学との溝を埋めることにより，両理論の特徴を取り入れると同時に，有機体的組織体の枠組みのなかに自由主義を守る役割を組み込んだ点で，ホブスンの新自由主義が世紀転換期のイギリス社会の分析に適していたという訳である．

　とすれば，ホブスンが主張した国家の役割の重視・拡大は，新自由主義に必要不可欠の要素となるはずである．フリーデンは，国家の役割の重視が新自由主義の特徴であるとみなしていた．すなわち，顕在化した社会問題を解消する最も効率的で，倫理的な手段である社会改革は，自由主義を継承するために必要であり，政府の役割の重視・拡大も，そこから発生すると考えていた．

　以上から，こう言えるだろう．クラークもフリーデンもともに新自由主義を「世紀転換期における重要なエポック」と理解し，ホブスンを「エポック

---

20)「グリーンは，私的目的を除き，社会全体の協調性と共有財の追求の関係を区別しなかった．せいぜい，彼は理性を基礎に個人と社会の協調を仮定したに過ぎない．道徳的協調は本質的に新自由主義者に容認されたが，後に彼らがそれに与えた科学的，経験的裏付けは欠けていた」(Freeden 1978, 57) ところに，グリーンの思想の限界があった，とフリーデンは言うのである．

の代表者」と評価した点では共通している．しかし，すでに述べてきたように，両者には相違もある[21]．両者の相違は，第1に世紀転換期における新自由主義の果たした役割の評価にある．新自由主義の発生については両者の見解は一致しているが，その代表的提唱者が誰なのかという点についての相違である．クラークはホブスンとケインズを比べて，ケインズの新自由主義の優位性を説いているのに対し，フリーデンは新自由主義の提唱者としてのホブスンを評価している．第2に新自由主義と社会主義の関係である．フェビアン主義者や社会主義と新自由主義の関係について，クラークの場合は両者が密接な関係にあったとみなしているが，フリーデンは否定的に考えている．第3に新自由主義者としてのホブスンの位置付けである．クラークはホブスンの果たした役割が少ないと考えているのに対して，フリーデンはその代表者であると主張している．要するに，クラークが人間と社会に対する基本的な視座の歴史的変化を重視したのに対し，フリーデンは政治過程における発展の意味を重視したということである．

だが，ホブスンの場合は，すでに指摘してきたように，「レント論」や「過少消費説」として展開する経済理論（自由主義の下での私有財産制度や競争的市場システムを前提とした「レント論」がその本源的な分析方法である）が，社会問題を解明できると主張していた．ホブスンの社会改革は，自由主義を継承し，それを時代に対応した形に変化させた彼の新自由主義思想

---

21) たとえば，岡田はクラークとフリーデンの相違について，「こうしてクラークとフリーデンの新自由主義の理解には，重大な相違がある．20世紀初頭の社会改革のドライビィング・フォースとして新自由主義を位置づける点では，両者は基本的に一致している．しかし新自由主義における理性の意味や個人と社会の関係，その社会主義との異同といったクルーシャルな論点で，両者の間には深い亀裂が走っている．ここには，自由主義の本質をどう理解し，それを歴史の流れの中でどう位置づけるか，という根本的な歴史観の違いが伏在しているように思われる」（岡田 1994, 262），さらに，「新自由主義を，本質的に19世紀的自由主義の継承者として捉え，労働階級や社会主義との距離を強調するマシュー，マクキビン．彼らは，20世紀の自由主義を，フリーデンよりも更に19世紀の自由主義にひきつけて理解していると言えよう．これとクラークの見解との間にはかなりの隔たりがある．両者の距離は，19世紀のイギリスと20世紀のイギリスをどのように架橋するか，自由主義時代とその終焉のプロセスをどうとらえるか，という大きな問いに繋がっているのである」（岡田 1994, 262），と指摘する．

の枠組みを示すものであった．したがって，新自由主義思想の基底に「レント論」が深く組み込まれていたことを忘れてはなるまい．

結　語

　第1章から第5章までの分析から，ホブスンの新自由主義的改革思想がいかに政治的・社会的側面を強調していたとしても，その根底には経済的現象が常に存在したことは明らかであろう．つまり，ホブスンの「レント論」から演繹された彼の新自由主義的改革思想の持つ時代的意義や理念的意味が十分な存在感を示しているのではなかろうか．

　ところで，「ネオ・リベラリズム（Neo Liberalism）」は，ホブスンやケインズらが構築した「新自由主義（New Liberalism）」と全く相反した主張である．すなわち，経済のボーダーレス化と政治のボーダー化の強化という二律背反の状況で，1つの世界市場を構築することを意図している．たとえば，イギリスのサッチャーリズム，アメリカのレーガノミックスに始まり，わが国では，中曽根内閣の国鉄の民営化や小泉内閣の郵政の民営化に代表されるような「官から民への」政策の実施による規制緩和・撤廃が実施されてきた．要するに，国家を「小さな政府」にすることにより政治のボーターレス化を図り，世界的規模で自由放任主義的な市場制度を再構築することを目指したのである．この再構築は，まさにホブスンやケインズらが批判の対象とした，古典的あるいは新古典的自由放任主義的市場を復活させることに他ならない．

　ネオ・リベラリズムは理念として富の公正な分配を謳っているが，結果的には，各種金融不況を発生させ，社会問題としての貧富の格差の拡大や富の偏りという現象を発生させると同時に，政治的不信感を増大させた．たとえば社会保障制度の綻び，派遣労働者のリストラに始まる失業者の増大，貧困層の増大，貧富の格差の増大といった「新しい社会問題」とともに，自民党から民主党への政権交代を誘発した「政治不信」の表面化という政治・経済

の機能不全が起こりつつある．

　こうした日本の状況は，まさにホブスンが目の当たりにした世紀転換期におけるイギリスの「社会問題」の顕在化と重なり合うと言えよう．イギリスの経済史家 W. D. ルービンステイン（W. D. Rubinstein）による，日本の現状はホブスンの時代のイギリスに似通ってきているという指摘，すなわち日本の政治・経済の混迷が始まった（川北 1995, 4），と言えるであろう．まさにこのような状況のもとでは，ホブスンの提示した新自由主義的改革思想が，現在の混沌とした「社会問題」を正確に捉え，それを解消するための糸口を示唆していると言えるのではなかろうか．またポスト・グローバリズムを模索するための一助となるのではなかろうか．

　最後になったが，本書では十分に検討されていないホブスンの著書，論文が数多くあることに触れておかなければなるまい．本書は，ホブスンのレント論，過少消費説，政治改革・経済政策を含めた社会改革の思想，そして新自由主義思想に関するそれぞれの基本的文献を分析の対象としたものであって，彼の著書，論文のすべてを分析したものではないということである．そのため，私の過度の抽象化により，ホブスンの本意をすべて的確に示すことができたかどうかという疑問が残る．ホブスンの本意を確かめるため，ここでは触れていないホブスンの著書，論文をさらに検討し，ここで提示した体系に加えていくというのが私の今後の研究課題になる．

参考文献

Akita, Shigeru (edited). 2002. *Gentlemanly Capitalism, Imperialism and Global History*. New York : Palgrave Macmillam.
Anon. 1890. Hobson's The Physiology of Industry. *Journal of Education* 12:194.
Allett, John. 1981. *New Liberalism : The Political Economy of J. A. Hobson*. Toronto : Toronto University Press.
Backhouse, Roger E. 1992. *J. A. Hobson A Collection of Economic Works*. 6 vols. London : Routledge / Thoemmes Press.
Blaug, Mark. [1962] 1983. *Economic Theory in Retrospect*. New York : Cambridge University Press. 宮崎犀一・関恒義・浅野栄一・杉原四郎・久保芳和・真実一男訳『経済理論の歴史 I-IV』東洋経済新報社, 1982-1986.
Böhm-Bawerk, Eugen von. [1884] 1966. *Capital and Interest : a critical history of Economical theory*. Translated by William Smart. New York : A. M. Kelley.
Brailsford, H. N. 1948. *The Life Work of J. A. Hobson*. London : Oxford University Press.
Cain, Peter J. 1978. J. A. Hobson, Cobdenism and the Radical Theory of Economic Imperialism 1898-1914. *Economic History Review* 31:565-584.
———. 1981. Hobson's Theory of Imperialism. *Economic History Review* 34:313-316.
——— (edited). 1999. *Empire and Imperialism : The Debate of the 1870s*. Indiana : St. Augustine's Press.
———. 2002. *Hobson and Imperialism : Radicalism, New Liberalism, and Finance 1887-1938*. Oxford : Oxford University Press.
Cain, Peter J. and A. G. Hopkins. 1993. *British Imperialism*. 2 vols. London : Longman. 竹内幸雄・秋田茂訳『ジェントルマン資本主義の帝国 I・II』名古屋大学出版会, 1997.
Cain, Peter J. and Mark Harrison (edited). 2001. *Imperialism : Critical Concepts in Historical Studies*. 3 vols. London : Routledge.
Clark, John B. 1891. Distribution as Determined by a Law of Rent. *Quarterly Journal of Economics* 5:289-318.
———. [1899] 1956. *The Distribution of Wealth : A Theory of Wages, Interest and Profits*. New York : A. M. Kelley. 田中敏弘・本郷亮訳『富の分配』日本経済評論社, 2007.
Clark, J. M. 1940. John A. Hobson : Heretic and Pioneer (1858-1940). *Journal of Social Philosophy* 5:356-359.
Clarke, Peter. 1974. The Progressive Movement in England. *Transactions of the Royal Historical Society* 24:159-181.

──. [1978] 2007. *Liberalism and Social Democrats*. Cambridge : Cambridge University Press.

──. [1987] 2003. Hobson, John Atkinson (1858-1940). In *J. A. Hobson : Critical Assesments of Leading Economists*. Vol. 1. edited by Wood, John C. and Robert D. Wood. London : Routledge.

──. 1996. *Hope and Glory : Britain 1900-1990*. London : Allen Lane The Penguin Press. 西沢保・市橋秀夫・椿建也・長谷川淳一他訳『イギリス現代史 1900-2000』名古屋大学出版会, 2004.

──. 1998. *The Keynesian Revolution and its Economic Consequences : and its Economic consequences*. Cheltenham : Edward Elger.

Cockram, Gill G. 2007. *Ruskin and Social Reform : Ethics and Economics in the Victorian Age*. London : Tauris Academic Studies.

Cole, G. D. H. 1940. J. A. Hobson (1858-1940). *The Economic Journal* 50:351-360.

Collini, Stefan. 1979. *Liberalism and sociology : L. T. Hobhouse and political argument in England, 1880-1914*. Cambridge : Cambridge University Press.

Collison Black, R. D., A. W. Coats and Graufurd D. W. Goodwin (edited). 1973. *The Marginal Revolution in Economics : Interpretation and Evaluation*. Durham : Duke University Press. 岡田純一・早坂忠訳『経済学と限界革命』日本経済新聞社, 1975.

Commons, John R. 1923. Hobson's Economics of Unemployment. *American Economic Review* 13:688-647.

Cook, E. T. 1953. Ruskin and New Liberalism. *New Liberal Review* 1:18-25.

Coppock, D. J. 1953. A Reconsideration of Hobson's Theory of Unemployment. *The Manchester School* 21:1-21.

Courteney, L. 1903. Hobson's Imperialism : A Study. *Nineteenth Century and After* 53:806-812.

Craig, David M. 2006. *John Ruskin and the Ethics of Consumption*. Charlottesville and London : University of Virginia Press.

Daunton, Martin. 2007. *Wealth and Welfare : An Economic and Social History of Britain 1851-1951*. Oxford : Oxford University Press.

──. 2008. *State and Market in Victorian British : War, Welfare and Capitalism*. Woodbridge : The Boydell press.

Davis, Horace B. 1957. Hobson and Human Welfare. *Science and Society* 21:291-318.

Dommer, Evsey D. 1957. *Essays in the Theory of Economic Growth*, New York : Oxford University Press. 宇野健吾訳『経済成長の理論』東洋経済新報社, 1959.

Dowse, E. 1966. *Left in the centre : the Independent Labour Party. 1893-1940*. Evanston: Northwestern University Press.

Dostaler, Gilles. 2004. *Keynes and his Battles*. Cheltenham : Edward Elger. 鍋島直樹・小峯敦監訳『ケインズの戦い──哲学・政治・経済・芸術──』藤原書店, 2008.

Edgeworth, F. Y. [1881] 1967. *Mathematical Psychics : An Essay on the Application of Mathematics to the Moral Sciences*. London : A. M. Kelley.

Emy, Hugh V. 1973. *Liberalism, radicalism, and social politics, 1892-1914.* Cambridge : Cambridge University Press.

English, Richard & Michael Kenny (edited). 2000. *Rethinking British Decline.* London : Palgrave Macmillan. 川北稔訳『経済衰退の歴史学──イギリス衰退論争の諸相──』ミネルヴァ書房, 2008.

Etherington, Norman. 1984. *Theories of Imperialism : War, Conquest and Capital.* London : Croom Helm.

Fain, J. T. 1952. Ruskin and the Economists. *Publication of Modern Language Association of America* 67:297-307.

Flux, A. W. 1900. The Economics of Distribution. By John A. Hobson. *The Economic Journal* 10:380-385.

Freeden, Michael. 1973. J. A. Hobson as a New Liberal Theorist : Some Aspects of his Social Thought until 1914. *Journal of the History of Ideas* 34:421-443.

──. 1976. Biological and Evolutionary Roots of the New Liberalism in England. *Political Theory* 4:471-490.

──. 1978. *The new Liberalism : an ideology of social reform.* Oxford : Clarendon Press.

── (edited). 1988. *J. A. Hobson : A Reader.* London : Unwin Hyman.

── (edited). 1990. *Reappraising, J. A. Hobson : Humanism & Welfare.* London : Unwin Hyman.

Gerson, Gal. 2002. The Economy of Holidays : System and Excess in Edwardian Liberalism. *The European Legacy* 7:453-471.

Hamilton, David. 1954. Hobson with a Keynesian Twist. *American Journal of Economics and Sociology* 13:273-282.

Hadson, Pat. 1992. *The Industrial Revolution.* London : Edward Arnold. 大倉雅夫訳『産業革命』未来社, 1999.

Hennock, E. P. 2007. *The Origin of the Welfare State in England and Germany, 1850-1914 : Social Policies Compared.* Cambridge : Cambridge University Press.

Hewins, W. A. S. 1891. Hobson's The Physiology of Industry. *Economic Review* 1:130-134.

Hobson, John A. and A. F. Mummery. [1889] 1989. *The Physiology of Industry : Being an Exposure of Certain Fallacies in Existing Theory of Economics.* New York : A. M. Kelley.

Hobson, John A. [1891a] 1971. *Problems of Poverty* (8ed). New York : A. M. Kelley.

──. 1891b. The Element of Monopoly in Price. *Quarterly Journal of Economics* 6:1-24.

──. 1891c. The Law of Three Rents. *Quarterly Journal of Economics* 5:264-288.

──. 1893. The Subjective and Objective Views of Distribution. *Annals of American Academy of Political and Social Science* 4:42-67.

──. [1894a] 1928. *The Evolution of Modern Capitalism : A Study of Machine Production.* edited by Havelock Ellis. London : George Allen & Unwin.

──. 1894b. Does Rent Enter into Price ? *The Free Review* 1:497-508.

──. 1895. The Monopoly Rents of Capital. *Transaction of Political and Economic*

Circle of the National Liberal Club 2:38-53.
―. [1896] 1992. *The Problem of The Unemployed : An Inquiry and an Economic Policy*. introduction by Roger E. Backhousee. London : Routledge / Thoemmes Press. 遊佐敏彦訳『失業者問題の研究及経済政策』法制時報社, 1922.
―. [1898] 1899. *John Ruskin : Social Reformer* (2ed). London : James Nisbet & Co.
―. [1900] 1972. *The Economics of Distribution*. New York : A. M. Kelley.
―. [1901] 1996. *The Social Problem : Life and Work* (2ed). introduction by J. Meadowcroft. Bristol : Thoemmes Press.
―. [1902] 1938. *Imperialism : A Study* (3ed). London: George Allen & Unwin. 矢内原忠雄訳『帝国主義論 上・下』岩波文庫, 1952.
―. 1909a. *The Crisis of Liberalism : New Issues of Democracy*. London : P. S. King & Son.
―. 1909b. *The Industrial System : An Inquiry into Earned and Unearned Income*. London : Longmans Green and Co.
―. 1922. *Economics of Unemployment*. London : George Allen & Unwin. 内垣謙三訳『失業経済学』同人社, 1930.
―. 1925. Neo-classical Economics in Britain. *Political Science Quarterly* 40:337-383.
―. 1930. *Rationalisation and Unemployment : An Economic Dilemma*. London : George Allen & Unwin.
―. 1931. *Poverty in Plenty : The Ethics of Income*. London : George Allen & Unwin.
―. [1936] 1991. *Veblen*. New York : A. M. Kelley. 佐々木専三郎訳『ヴェブレン』文真堂, 1980.
―. 1938. *Confessions of an Economic Heretics*. London : George Allen & Unwin. 高橋哲雄訳『異端の経済学者の告白 ホブスン自伝』新評論, 1983.
Hopkins, A. G. 1993. 竹内幸雄訳「イギリス帝国主義, その再検討」『社会経済史学』58 (5) :1-8.
Hurren, Elizabeth T. 2007. *Protesting about Pauperism : Poverty, Politics and Poor Relief in Late-Victorian England, 1870-1900*. Suffolk : A Royal Historical Society.
Jevons, W. S. [1871] 1965. *The Theory of Political Economy*. Clifton : A. M. Kelly. 小泉信三・寺尾琢磨・永田清訳, 寺尾琢磨改訳『経済学の理論』日本経済評論社, 1984.
Joad, C. E. M. 1940. On J. A. Hobson. *Monthly Record of the South Place Ethical Society* (May) :5-6.
Kates, Steven. 1998. *Say's Law and The Keyenesian Revolution : How Macroeconomic Theory Lost its Way*. Cheltenham : Edward Elgar.
Kemp, Tom. 1967. *Theories of Imperialism*. London : Dobson. 時永淑訳『帝国主義論史』法政大学出版局, 1971.
Keynes, J. M. [1925] 1972. Am I a Liberal ? In *The Collected Writings of John Maynard Keynes*. vol. IX. edited by Donald Moggridge. London : The Macmillan Press. 宮崎義一訳「私は自由党員か」『ケインズ全集』9 巻, 東洋経済新報社, 1981.
―. [1926a] 1972. Liberalism and Labour. In *The Collected Writings of John Maynard Keynes*. vol. IX. edited by Donald Moggridge. London : The Macmillan Press. 宮

崎義一訳「自由主義と労働党」『ケインズ全集』9巻, 東洋経済新報社, 1981.
―. [1926b] 1972. The End of Laissez-Faire. In *The Collected Writings of John Maynard Keynes*. vol. IX. edited by Donald Moggridge. London : The Macmillan Press. 宮崎義一訳「自由主義の終焉」『ケインズ全集』9巻, 東洋経済新報社, 1981.
―. [1930] 1971. *A Treatise on Money* 1 & 2. In *The Collected Writings of John Maynard Keynes*. vol. V & VI. edited by Donald Moggridge. London : The Macmillan Press. 小泉明・長澤惟恭訳『貨幣論1・2』『ケインズ全集』5, 6巻, 東洋経済新報社, 1979, 1980.
―. [1936] 1973. *The General Theory of Employment, Interest and Money*. In *The Collected Writings of John Maynard Keynes*. vol. VII. edited by Donald Moggridge. London : The Macmillan Press. 塩野谷雄一訳『雇用・利子および貨幣の一般理論』『ケインズ全集』7巻, 東洋経済新報社, 1983.
―. 1973. The General Theory and after : Part 1 & 2. In *The Collected Writings of John Maynard Keynes*. vol. XIII & XIV. edited by Donald Moggridge. London : The Macmillan Press.
Klein, Lawrence R. [1952] 1956. *The Keynesian Revolution*. London : Macmillan. 篠原三代平・宮沢健一訳『ケインズ革命』有斐閣, 1970.
Kruger, Daniel H. 1955. Hobson, Lenin, Schumpeter, on Imperialism. *Journal of History of Ideas* 16:252-259.
Laski, Harold J. [1936] 1997. *The Rise of European Liberalism*. new introduction by John L. Stanly. London : Transaction Publishers.
Laughlin, J. Laurence. 1904. Hobson's The Economics of Distribution. *Political Science Quarterly* 12:305-326.
Lenin, V. [1917] 1996. *Imperialism : The Highest Stage of Capitalism*. introduction by Norman Lewis and James Malone. London : Pluto Press. 宇高基輔訳『帝国主義論』岩波文庫, 1956.
Mallet, B. 1903. Hobson's Imperialism : A Study. *Edinburgh Review* 197:253-272.
Mallock, W. H. 1896. Mr. Hobson on Poverty. *Contemporary Review* 69:789-804.
Malthus, T. R. [1820] 1989. *Principles of Political Economy*. 2 vols. edited by John Pullen. New York : Cambridge University Press. 小林時三郎訳『経済学原理 上・下』岩波文庫, 1968.
Marshall, Alfred. [1890] 1997. *Principles of Economics* (8ed). vol. 1 & 2. In *Collected Works of Alfred Marshall*. edited by C. W. Guillebaud. Bristol : Overstone Press. 永澤越郎訳『経済学原理1-4』岩波ブックサービスセンター, 1985.
Mathias, Peter. 1969. *The first industrial nation : an economic history of Britain, 1700-1914*. London : Methuen. 小松芳喬訳『最初の工業国家――イギリス経済史 1700-1914年――』日本評論社, 1972.
Meadowcroft, J. and M. W. Taylor. 1990. Liberalism and the Referendum in British Political Thought 1890-1914. *Twentieth Century British History* 1:35-37.
Merquior, J. G. 1991. *Liberalism : Old and new*. Boston : Twayne Publisher.
Mill, John S. [1848] 1923. *Principles of Political Economy*. edited by W. J. Ashley.

London : Longmans, Green and Co. 末永茂喜訳『経済学原理 1-5』岩波文庫, 1967-1969.
Mirkowich, Nicholas. 1942. The Economics of John A. Hobson. *Indian Journal of Economics* 23:175-185.
Mitchell, Harvey. 1965. Hobson Revisited. *Journal of Histroy of Idea* 26:397-416.
Nemmers, Erwin E. [1956] 1972. *Hobson and Underconsumption*. New York : A. M. Kelley.
Offer, A. 1980. Ricardo's Paradox and the Movement of Rent in England, 1870-1914. *History of Review* 33:236-252.
――. 1983. Empire and Social Reform : British Overseas Investment and Domestic Politics, 1908-1914. *Historical Review* 46:119-138.
Porter, Bernard. [1974] 2004. *The Lion's Share : A Short History of British Imperialism 1850-2004* (4ed). Hawlow : Peason / Longman.
Pheby, John (edited). 1994. *J. A. Hobson after Fifty Year : Freethinker of the Social Science*. New York : St. Martin's Press.
Price, L. L. 1891. Some Aspects of The Theory of Rent. *The Economic Journal* 1:123-144.
Ratcliff, S. K. and K. M. Ratcliff. 1958. John A. Hobson. *Monthly Record* 63:6-7.
Readman, Paul. 2008. *Land and Nation in England : Patriotism, National identity, and the Politics of land, 1880-1914*. Woodbridge : The Boydell press.
Ricardo, David. [1817] 2004. *On Principles of Political Economy and Taxation*. In *The Works and Correspondence of David Ricardo*. Vol. 1. edited by Piero Sraffer. Indianapolis : Liberty Fund. 羽島卓也・吉澤芳樹訳『経済学および課税の原理 上・下』岩波文庫, 1987.
Ricci, D. M. 1969. Fabian Socialism : a Theory of Rent as Exploitation. *Journal of British Studies* 9:105-121.
Richmond, W. H. 1978. John A. Hobson : Economic Heretic. *American Journal of Economics and Sociology* 37 (3) :283-294.
Rossman, Jim. 1991. Hobson's "Surplus income" and its Distribution. *Journal of Economic Issues* 25:199-207.
Schneider, Michael. 1996. *J. A. Hobson*. London : Macmillan Press.
Schumpeter, Joseph A. 1951. *Imperialism and Social Classes*. translated by Heinz Norden. New York : A. M. Kelley. 都留重人訳『帝国主義と社会階級』岩波書店, 1956.
Semmel, Bernard. 1960. *Imperialism and Social Reform : English Social-Imperial Thought 1895-1914*. London : George Allen & Unwin. 野口建彦・野口照子訳『社会帝国主義史 イギリスの経験 1895-1914』みすず書房, 1982.
――. 1993. *The Liberal Ideal and the demons of Empire : Theories of Imperialism from Adam Smith to Lenin*. Baltimore : The Johns Hopkins University Press.
Simhony, Avital and David Weinstein. 2001. *The New Liberalism : Reconciling Liberty and Community*. Cambridge : Cambridge University Press.

Skidelsky, Robert. 1967. *Politicians and the slump : the Labour Government of 1929-1931*. London : Macmillan.
Smith, Adam. [1776] 1981. *An Inquiry into The Nature and Cause of The Wealth of Nations*. 2 vols. edited by R. H. Campbell and A. S. Skinner. Indianapolis : Liberty Fund. 大河内一男監訳『国富論 I・II・III』中公文庫, 1978.
Sowell, Thomas. 1972. *Say's Law : An Historical Analysis*. Princeton : Princeton University Press.
Sweezy, P. M. 1939. J. A. Hobson's Heresies. *Nation* 27, August:209-210.
Thompson, N. 1994. Hobson and Fabians : Two Roads to Socialism in 1920s. *History of Political Economy* 26:203-220.
Townshend, Jules. 1990. *J. A. Hobson*. Manchester : Manchester University Press.
———. 2007. Living with Capitalism : From Hobson to Giddens. *British Journal of Politics and International Relations* 9:599-617.
Veblen, Thorstein. 1903. Hobson's Imperialism : A Study. *Journal of Political Economy* 12:311-314.
Walker, Francis A. 1891. The doctrine of Rent, And The Residual claimant Theory of Wage. *Quarterly Journal of Economics* 5:417-437.
Webb, S. J. 1888. The Rate of Interest and the Laws of Distribution. *Quarterly Journal of Economics* 2:188-208.
Weiler, Peter. 1982. *The New Liberalism : Liberal Social Theory in Great Britain 1889-1914*. New York : Garland Publishing.
Weinstein, D. 2007. *Utilitarianism and the New Liberalism*. Cambridge : Cambridge University Press.
Wicksteed, Philip H. [1894] 1992. *An Essay on the Co-ordination of Laws of Distribution*. introduction by Ian Steedman. Hants : Edward Elgar. 川俣雅弘訳『分配法則の統合』日本経済評論社, 2000.
Willoughby, John. [1986] 2001. *Capitalist Imperialism, Crisis and the State*. London : Harwood Academic Publishers.
Winslow, E. M. 1948. *The Pattern of Imperialism : A Study in the Theories of Power*. New York : Columbia University Press.
Winch, Donald. 1969. *Economics and Policy : a historical study*. London : Hodder & Stoughton.
———. 2009. *Wealth and Life : Essays on the Intellectual History of Political Economy in British, 1848-1914*. Cambridge : Cambridge University Press.
Wood, John C. 1983. J. A. Hobson and British Imperialism. *Australian Journal of Politics and History* 42:483-500.
Wood, John C. and Robert D. Wood. 2003. *J. A. Hobson : Critical Assesments of Leading Economists*. 3 vols. London : Routledge.

秋田茂編著. 2004.『イギリス帝国と 20 世紀 第 1 巻 パクス・ブリタニカとイギリス帝国』ミネルヴァ書房.

安保則夫. 1982.「イギリス新自由主義と社会改革――世紀転換期の社会改革論争にみる「自由主義変容」の意味――」『経済学論究(関西学院大学)』36(3):85-117.
――. 1994.「イギリス新自由主義と社会改革――世紀転換期における失業=社会問題の認識をめぐって――」『経済学論究(関西学院大学)』38(3):401-423.
磯部浩一. 1950.「J. A. ホブソンに関する一試論――かれの厚生経済学を中心として――」『明治学院論叢』20:73-95.
――. 1957.「J. A. ホブソン研究――「帝国主義論」をめぐる一試論――」『一橋論叢』37(5):115-130.
――. 1958.「ネマーズ著『ホブソンと過少消費説』」『一橋論叢』39(5):40-46.
井上琢智・坂口正志編著. 1993.『マーシャルと同時代の経済学』ミネルヴァ書房.
入江節次郎. 1974.「J. A. ホブソン『帝国主義研究』の論理構成」『経済学論叢(同志社大学)』22(2・3・4):18-81.
――. 1975.「J. A. ホブスンの帝国主義分析の方法と意義――J. A. Hobson, "Imperialism, A Study"を中心として――」『経済理論学会年報』12:135-141.
江里口拓. 1994.「ウェッブ夫妻における「産業進歩」と労働組合」『経済論究(九州大学)』89:1-28.
――. 2008.『福祉国家の効率と制御――ウェッブ夫妻の経済思想――』昭和堂.
大熊信行. 2004.『社会思想史家としてのラスキンとモリス』論創社.
大塚桂. 2006.『ヨーロッパ政治理念の展開[普及版]』信山社.
大水善寛. 1989.「『産業生理学』における J. A. ホブソンの経済思想」『第一経大論集』18(4):11-30.
――. 1994.「ホブソンのレントによる価格形成――The Law of The Three Rents (*The Quarterly Journal of Economics*, 1891) および The Economics of Distribution (1900) を中心として――」『第一経大論集』24(1・2):1-23.
――. 1997.「ホブソン経済学の異端性」『第一経大論集』27(1):1-22.
――. 1999.「J. A. ホブスンの『余剰』について」『青森中央学院大学研究紀要』1:158-179.
――. 2002.「ホブスン『帝国主義論』の 1990 年以降の再評価について」『青森中央学院大学研究紀要』4:211-239.
――. 2005.「ホブスンの不平等の経済学について」『経済学論纂(中央大学)』45(1・2):61-81.
――. 2008.「J. A. ホブスンのレント論の再構成――新自由主義的社会改革の理論的基礎――」『経済学史研究』50(1):41-60.
岡田新. 1991.「帝国主義と新自由主義――エドワーディアン・リベラリズムの形成(1)――」『大阪外国語大学論集』5:167-188.
――. 1993.「帝国主義と新自由主義――エドワーディアン・リベラリズムの形成(2)――」『大阪外国語大学論集』10:251-268.
岡田元浩. 1997.『巨視的経済理論の軌跡』名古屋大学出版会.
岡村東洋光・久間清俊・姫野順一編著. 2003.『社会経済思想の進化とコミュニティ』ミネルヴァ書房.
尾崎邦博. 1995.「ホブハウスとイギリス新自由主義の哲学」『経済科学(名古屋大学)』43(3):17-32.

——. 1998.「J. A. ホブスンにおける機械と経済学」『社会思想史研究』22:164-175.
——. 2004.「J. A. ホブスンにおける人間的経済学の構想」『愛知学院大学論叢 商学研究』45（1・2）:263-273.
——. 2005a.「J. A. ホブスンの分配論」『岐阜経済大学論集』38（3）:41-57.
——. 2005b.「J. A. ホブスンと財産権の問題」『愛知学院大学論叢 商学研究』46（3）:107-118.
——. 2006.「J. A. ホブスンと直接民主主義」『経済科学（名古屋大学）』54（2）:31-47.
音無道宏編著. 2007.『功利主義と社会改革の諸思想』中央大学出版部.
賀村進一. 1990.「シュムペーターの帝国主義生成論に関する一考察」『帝京経済学研究』24（1）:301-321.
川北稔. 1995.『イギリス繁栄のあとさき』ダイヤモンド社.
川田侃. 1954.「ホブスン経済学の素描」『経済学論集（東京大学）』22（1）:17-60.
——. 1963.「J. A. ホブスンの経済学とその帝国主義論」『帝国主義と権力政治』東京大学出版会.
木畑洋一編著. 1998.『大英帝国と帝国意識──支配の深層を探る──』ミネルヴァ書房.
木村和夫編著. 2004.『イギリス帝国と20世紀 第2巻 世紀転換期のイギリス帝国』ミネルヴァ書房.
岸本誠二郎. 1975.『経済学の探究I・II』ミネルヴァ書房.
小峯敦編. 2007.『福祉の経済思想家たち』ナカニシヤ出版.
小島専孝. 1995.「アバッティの有効需要論（2）ジョハンセン，ホブソン，アバッティの貯蓄論」『経済論叢（京都大学）』156（2・3）:27-65.
——. 1997.『ケインズ理論の源泉』有斐閣.
笹原昭五. 1972.「J. A. ホブスンの過少消費説の展開過程」『経済学論纂（中央大学）』13（2）:1-58.
——. 1997.「ラスキンからホブスンへ」『経済学論纂（中央大学）』37（5・6）:99-134.
清水嘉治. 1965.『帝国主義論研究序説』有斐閣.
——. 1998.『改革の経済思想』白桃書房.
高哲男. 2004.『現代アメリカ経済思想の起源』名古屋大学出版会.
高橋哲雄. 1984.「J. A. ホブスン著作目録」『甲南経済学論集』24（3）:121-173.
——. 1985a.「J. A. ホブスン研究文献抄録」『甲南経済学論集』25（4）:115-142.
——. 1985b.「J. A. ホブスン研究文献抄録（続）」『甲南経済学論集』26（1）:37-61.
竹内幸雄. 2000.『イギリス人の帝国──商業，金融そして博愛──』ミネルヴァ書房.
——. 2003.『自由貿易主義と大英帝国──アフリカ分割の政治経済学──』新評論.
——. 2004.「研究動向 ホブスン『帝国主義』100年と現代」『歴史学研究』792:33-41.
田中敏弘. 2006.『アメリカ新古典派経済学の成立──J. B. クラーク研究──』名古屋大学出版会.
田中治男. 1997.「「新自由主義」研究覚書」『成蹊法学』45:161-177.
戸田武雄. 1960.「J. A. ホブソンの経済学」『社会科学（静岡大学文理学部）』9:45-61.
——. 1967.「J. A. ホブソンからみた学説史の構造」『研究論集（駒澤大学）』10:1-16.
中村研一. 2003.「帝国主義政治理論の誕生──ホブスンの戦争批判と自由主義批判──」『思想』（岩波書店）945:27-46.

中村雅秀. 2000.『帝国主義と資本の輸出』ミネルヴァ書房.
長尾十三二. 1956.「ホブスン『帝国主義論』」『教育史研究』3:36-40.
名古忠行. 2005.『ウェッブ夫妻の生涯と思想——イギリス社会民主主義の源流——』法律文化社.
八田幸二. 1998.「J. M. ケインズとイギリス新自由主義について——修正自由主義の政治・経済思想——」『中央大学大学院論集　経済学・商学研究科篇』31:105-121.
———. 2001.「J. A. ホブスンの新自由主義と過少消費説」『経済学史学会年報』40:81-92.
服部正治. 2002.『自由と保護——イギリス通商政策史——[増補改訂版]』ナカニシヤ出版.
服部正治・西沢保編著. 1999.『イギリス100年の政治経済学——衰退への挑戦——』ミネルヴァ書房.
服部平治. 1987.「自由主義と福祉国家——マスターマンにおける自由主義と社会改革——」『聖隷学園聖泉短期大学人文・社会科学論集』1:5-28.
平井俊顕. 2003.『ケインズの理論——複合的視座からの研究——』東京大学出版会.
姫野順一. 1979.「J. A. ホブスンの「過剰貯蓄」論——「産業の生理学」を中心として——」『経済論究（九州大学）』46:53-73.
———. 1982.「J. A. ホブスンの独占論と「需要の経済学」」『長崎大学教養部紀要　人文科学篇』22（2）:17-34.
———. 1986.「J. A. ホブスンにおける経済認識の形成と新自由主義」『長崎大学教養部紀要　人文科学篇』27（1）:1-25.
———. 1991.「J. A. ホブスンにおける不均衡構造認識と社会進化論——英・米における J. A. ホブスンの再評価をめぐって——」『長崎大学教養部紀要　人文科学篇』31（2）:15-33.
———. 1998.「「ジェントルマン資本主義」論と J. A. ホブスン研究——経済学史・思想史研究の視点から——」『経済学史学会年報』36:14-24.
平田雅博. 2000.『イギリス帝国と世界システム』晃洋書房.
藤井透. 2001.「世紀転換期のイギリスの新自由主義とフェビアン主義——社会改良と帝国主義の関連を中心に——」『土地制度史学』43（3）:19-27.
松永友有. 2000.「J. A. ホブソン再評価」『明大商学論叢』82:61-77.
溝川喜一. 1966.『古典派経済学と販路説』ミネルヴァ書房.
美馬孝人. 2000.『イギリス社会政策の展開』日本経済評論社.
毛利健三. 1981.「世紀転換期イギリスにおける貧困観の旋回——新自由主義における「社会的貧困」概念の構想——」『社会科学研究（東京大学）』32（5）:87-150.
———. 1990.『イギリス福祉国家の研究——社会保障発達の諸画期——』東京大学出版会.
村田健次・木畑洋一編. 1991.『世界歴史体系　イギリス史 3 近現代』山川出版社.
山田秀雄. 2005.『イギリス帝国経済史研究』ミネルヴァ書房.

索　引

あ
新しい自由主義　124-129
アレット, J. (J. Allett)　21, 22
安保則夫　133, 134
ウィックスティード, P. H.
　(P. H. Wicksteed)　28
ウィンチ, D. (D. Winch)　20
ウェッブ, S. J. (S. J. Webb)　31-32
ウォーカー, F. A. (F. A. Walker)　30-31, 32-33
エッジワース, F. Y. (F. Y. Edgeworth)　13, 26
エミィ, H. (H. Emy)　21, 143
岡田新　132, 148
尾崎邦博　23, 131-132

か
改正教育令　8
過少消費説　55-83
過少消費説と失業　69-75
過少消費説と帝国主義　75-83
過少消費説の定式化　62-69
加速度原理　65
貨幣ヴェール観　61
議員配分法　8, 116
議会改革　120-123
機会均等　50, 87, 101, 102, 113, 115, 116, 119, 127, 129, 134
議会法　8, 9, 121
岸本誠二郎　28
貴族院 (上院)　8, 9, 50, 121
基本財産学校法　117
教育改革　117-120
教育法　8, 117

強制利益 (forced gain)　40-42
強制レント (forced rent)　35-39
共同謀議・財産保護法　10
苦汗システム　88, 89, 94, 95, 96, 99, 100
クラーク, J. B. (J. B. Clark)　26, 32-34
クラーク, P. (P. Clarke)　21, 60, 85, 143-149
クライン, L. R. (L. R. Klein)　59, 60, 69
グリーン, T. H. (T. H. Green)　146-147
経済人　16, 134
経済政策　88-106
継承産定地法　9
ケイン, P. J. (P. J. Cain)　7, 22, 32
ケインズ, J. M. (J. M. Keynes)　56-62, 90
ケインズの新自由主義　138-142
限界原理　26, 27
限界生産力説　26, 27, 28, 33, 34
限界レント (marginal rent)　35-39
工業教育法　8, 116
公共財　141, 142
公衆衛生法　10
工場法　8
合成の誤謬　56, 66, 73, 74
小島專孝　61
国家の干渉　141, 142
国家の役割　86, 124-129
古典派経済学　57, 86
コリーニ, S. (S. Collini)　21, 143

さ
サウス・プレイス倫理協会 (Ethical Society of South Place)　18

差額利益（differential gain） 40-42
差額レント（differential rent） 35-39
サミュエル, H.（H. Samuel） 131
残余説（residual claimant） 28
ジェントルマン資本主義 7, 21
シスモンディ, J. C. L.（J. C. L. Simonde de Sismondi） 55
慈善協会（Charity Organization Committee） 103, 104, 105
失業対策 93-98
実質的と名目的 66, 67, 68, 74
社会改革の思想 85-129
社会的効用（Social Utility） 124, 125, 126
自由放任的個人主義 15, 108, 113, 115, 117
自由放任的自由主義 15, 87, 126, 127, 136
シュナイダー, M.（M. Schneider） 63, 65
狩猟法改正 9
シュンペーター, J.（J. Schumpeter） 76
商工業不況調査勅命委員会 10, 48
職工住宅法 10
初等教育法 8, 117
新自由主義思想 131-149
人民予算（The People's Budget） 9, 121
スキデルスキー, R.（R. Skidelsky） 20
スペンサー, H.（H. Spencer） 21
生産的余剰（productive surplus） 44-48
政治改革 106-123
正統派経済学 37, 61, 64
セー法則 13, 56, 58, 64
世界の銀行 7
世界の工場 7
世界の手形交換所 7

た
第1次選挙法改正 8, 120
（第1次）農業借地法 9, 112
第3次選挙法改正 116
代替の法則（the law of Substitution） 37, 39
第2次選挙法改正 8, 120
（第2次）農業借地法 9, 112
第4次選挙法改正 8, 120
ダウス, R. E.（R. E. Dowse） 20
高橋哲雄 19, 20
地方自治体法 8, 120
貯蓄のパラドックス 56, 66, 73, 74
帝国連合 11
等価の定理（theorem of equivalence） 27, 47
（統合）株式会社法 6, 7
ドーマー, E. D.（E. D. Dommer） 60, 63
都市自治体法 8, 120
土地問題 6, 112, 113, 114, 115, 116

な
二大政党制 8
ネーマーズ, E. E.（E. E. Nemmers） 22
ネオ・リベラリズム（Neo Liberalism） 151

は
バルフォア教育法 8-9, 117
東インド会社 11
秘密投票法 8, 120
姫野順一 35, 49, 59, 143
貧困対策 98-106
ブース, C.（C. Booth） 10
フェビアン協会 18, 31
不生産的余剰（unproductive surplus） 44-48
普通選挙法 120
不動産増価還元原則 10
腐敗および不正行為禁止法 8

プライス, L. L. (L. L. Price)　27
フリーデン, M. (M. Freeden)　32, 143-149
不労所得　44, 47, 52, 53
不労利益　46, 47, 52, 53
ブローグ, M. (M. Blaug)　28
ベーム-バヴェルク, E. (E. Bohm-Bawerk)　39
ベンサム, J. (J. Bentham)　132
ボーア戦争　11
ホブスンの新自由主義　133-138
ホブハウス, L. T. (L. T. Hobhouse)　21, 143, 147

ま

マーシャル, A. (A. Marshall)　28, 33, 34, 41
マムマリー, A. F. (A. F. Mummery)　12-13, 56, 61
マルサス, T. R. (T. R. Malthus)　55, 69
未分化の利用と特殊化した利用　36
ミル, J. S. (J. S. Mill)　9, 13, 56, 69

や

雇主・労働者法　10
矢内原忠雄　75
有機体的組織体　17, 93, 104, 134, 135, 136, 137, 147
有機体的組織論　16, 21, 135, 145
有効需要論　57, 58, 59
余剰　42-48

ら・わ

ラウントリー, S. (S. Rowntree)　10
ラスキン, J. (J. Raskin)　12, 21
ラフリン, J. L. (J. L. Laughlin)　30
リー, A. J. F. (A. J. F. Lee)　143
利益　40-42
リカードウ, D. (D. Ricardo)　28, 34, 55
レーニン, V. (V. Lenen)　76
レント論　25-53
労使調整法　11, 116
労働者災害法　116
浪費　93, 100-102, 115, 117, 136, 137
ローダーディール, J. M. (J. M. Lauderdale)　55
ロック, J. (J. Locke)　131
ワイラー, P. (P. Weiler)　143

著者略歴

大 水 善 寛（おおみず　よしひろ）

1949年　北海道生まれ
國學院大學大学院経済学研究科博士後期課程単位取得満期退学
九州産業大学大学院経済学研究科博士後期課程修了（経済学博士）
現在　青森中央学院大学　准教授
著書：『マクロ経済学の基本』（共著，晃洋書房），『地域経営の改革と創造』（編著，透土社・丸善），『現代社会におけるグローカル視点』（編著，ぎょうせい）他
翻訳：ハンス・ブレムス著『経済学の歴史』（共訳，多賀出版）
論文：「J. A. ホブスンのレント論の再構成 —— 新自由主義的社会改革の基礎理論 ——」（『経済学史研究』50(1)），「J. A. ホブスン研究 —— レント論と新自由主義的改革思想 ——」（博士論文）他

J. A. ホブスンの新自由主義（しんじゆうしゆぎ）
——レント論を中心に——

2010年3月31日　初版発行

著　者　大　水　善　寛
発行者　五十川　直　行
発行所　㈶九州大学出版会

〒812-0053　福岡市東区箱崎7-1-146
九州大学構内
電話 092-641-0515（直通）
振替 01710-6-3677
印刷／城島印刷㈱　製本／篠原製本㈱

Ⓒ 2010 Printed in Japan　　ISBN978-4-7985-0015-7